U0148976

高雄市文藝協會編

文學叢刊

南方的和絃

文史哲出版社印行

序

高雄市文藝協會成立迄今已逾十週年，在全體會員熱烈支持下，會務有長足發展，經理監事會決議：出版會員作品選集作為慶祝十週年的獻禮，分兩年完成，第一年出版散文與詩集，第二年出版小說集，公推楊濤、李冰、李書錚、蕭颯、沈立、陳麗卿諸位先生、女士組成審稿小組，向全體會員徵稿，並推陳春華女士負責編輯，現已完成付梓，囑本人作序以明緣起。

本會成立宗旨已明載於會章，作為南台灣文藝團體之一，非僅有承先啟後之功能，且有開啟文運之重責，雖然當前社會風氣視文藝為末流，但吾人熱愛文藝之摯誠，從未稍減，從這次應徵文稿之踴躍，可以想見。唯仍有部分會員未能參與，略感遺憾，希望以後能人人投稿，共襄其盛。

本文集之編印，約有以下特色：

一、篇章序次按出生年齡排列，於此可知本會會員為老、中、青三代俱全，青年一代雖尚未臻於成熟之境，但假以時日，必將有所成就。

二、本會近年來與大陸進行文化交流，來訪作家在大陸發表過相當數量的作品，特選載其中一小部分，作為本會舉辦這項活動的見證。

三、作者之簡介限於篇幅，字數有限，但大略已勾勒出個人之成就。

本書承高雄市文化基金會及翰林文教基金會支持出版，並此致謝。

周嘯虹　二〇〇二年五月於二隨齋

南方的和絃　目錄

散文

詩

附錄

散文

李　玉

譜名迪爲，筆名楚鄙，湖南省武岡縣人，一九二一生，警校畢業。酷愛文藝與攝影。著有「心弦詩集」、「走過的歲月」小說集，「旅痕」散文集、「旅塵」詩集。現任高市文協監事、高市中國文協監事、青溪新文藝學會理事。

一則小故事的省思

巴爾札克是法國最偉大的作家之一，父親是個公務員，母親出身織造廠商家庭；在家鄉讀過六年書，一八一四年遷入巴黎，又讀了兩年，然後在一家法律事務所當一個小辦事員。他醉心於文學創作，最初寫悲劇，遭到失敗；又改寫小說，也不叫座，因而轉去經商。他做過出版商，辦過印刷廠，到一八二八年負債累累瀕臨破產，才又決心回到文學創作的道路上。自一八二九到一八四七年，他共寫了九十餘部小說。

於一八三二年，他結識了一位波蘭的韓斯卡伯爵夫人，〈她曾把近二十年來巴爾札克寫給她的情書出了一個單行本——「給一個外國人的信」〉。兩人於一八五〇年三月結婚，同年八月，巴爾札克與世長辭，享年僅五十一歲。巴爾札克與韓斯卡夫人相戀近二十年，婚姻生活僅五個月，從中可以想像到一個文人崇高而浪漫的情懷，愛情不在乎長短，只在乎曾經擁有啊！

在此且不談巴爾札克的作品，而是講一個發生在他身上的一個故事。話說他經商失敗負債累累的年代，經常是熬夜寫稿，常不知東方之既白。有一個深夜，他正陶醉在小說人物的情節時，忽然聽到一些聲音，原來是一個小偷，正在屋內微弱的燈光下翻箱倒櫃的，在找值錢的東西。巴爾札克看在眼裡，不禁哈哈大笑，小偷問他笑什麼，巴氏說：「大白天我都找不著一件值一法郎的東西了，你在夜裡匆匆忙忙的，又能找到什麼呢？好笨啊！」小偷悵然罷手，欲離去時，巴氏說：「拜託你，順手把門關上，好嗎？」此時小偷卻開懷大笑。巴氏不明就裡，小偷諷刺且氣憤的說：「你家連一件值一法郎的東西都沒有，還關什麼門？」巴氏說：「你錯了，我家的門不是防你的，是擋風的。」小偷這才悻然離去。

從故事中兩人簡短的對話，讓我們的思維進入場景，看到巴氏從容不懼的神情，假若換成現代的你我，一定是害怕得手足無措，因為家裡任何一樣東西都不只值一塊錢，何況那些金銀珠寶，甚至寶貴的性命呢！巴氏因為貧窮，因為豁達，而能坦然以對。

想來，富有，不一定是好事。眾所週知的陳查某先生，他富甲一方，因兒女爭產反目成仇，以致停屍三年，不得入土為安，這是個活生生的例子。人生能衣食無缺是最美好的，晚上睡得安穩香甜，不必為過多的財富操心。我想，經營之神王永慶先生，經營如此龐大的事業，他的生活絕對沒有在下自由快活；而位高權重者，更是擔心被擠掉，不惜鑽營逢迎，時時生活在天人交戰中。

我們看到一些政務官員，在立法院列席被質詢時，那種窘迫可憐的姿態，不禁讓人想到，人性的尊嚴何在？難道人的尊嚴如此不值錢？且看陶淵明先生，他不為五斗米折腰，在彭澤縣掛冠求去，面對南山，采菊東籬，茅屋一間，門雖設而常關；它關門不是防小偷，而是要把官場的無恥、炎涼的世態關在門外，坦然的寫著"歸去來兮"；用貧困換取豐富的精神生活，用五斗米換取人性的尊嚴。悠悠歲月，流逝了一千六百多年，文人如過江之鯽，只有陶淵明，在人們心中樹立起文人應有的，恬淡高雅而尊嚴的風範。

前天去美術館，趁大陸近代名畫家李可染畫展的最後檔期，去看了他的作品。讓我感觸最深的，是布袋和尚上面的題詞：「行也布袋，坐也布袋，放下布袋，逍遙自在。」這個布袋，就是人性大於宇宙的慾望，有幾人放得下呢？

人在世間，窮也不好，富也不好，生活上恰能衣食無缺，而能知足，是最美的。所以物質層面的窮，與精神層面的窮，都需要我們去省思修持，才能達到「無」的最高境界。「似乎憂愁，卻是常常快樂的；似乎貧窮，卻是教許多人富裕的；似乎一無所有，卻是樣樣都有的。」〈聖經哥林多後書六章十節〉且讓我們為在慾海中浮沉的人性拋條救生繩吧！

高金鏘

籍貫河北省寧河縣，出生於山東省滋陽縣。國立台灣大學中文系及高雄師院英語系畢業。曾任高雄市立女子高中國文教師。著有「那個人」一書（包括小說、散文、新詩）。另有文學作品發表於報紙、雜誌和選集中。

西子灣素描

我是四十九年來高雄市的，一直都住在這裏。對西子灣自然是不陌生了。

我最喜歡到西子灣的南防波堤看海。看那滾滾波濤前仆後繼的撲向防波堤。有的打到預先放置的消波塊上，那都是些巨大的水泥塊。左右縱橫的放了許多個，防止海濤對堤防的冒犯。有的波濤直接衝到防波堤，濺起浪花。有時高，有時低。溫柔的輕吻著堤的基座。釣魚的人這時是悠閑的。不必擔心波濤的沖刷，只是安心的從事海釣，盼望有個大豐收。

南防波堤上釣魚的人很多。進口處柵欄的門已被鎖住了。上面有木板的告示：說此地有瘋狗浪，常淹死人，禁止進入垂釣等。這是嚇阻不了人的，旁邊有木板製成簡單的梯子或砂包，可登上堤防。轉入柵欄裏再進入南防波堤，照舊可釣魚、觀景等。賣食品飲料的小販更是雲集。管它什麼瘋狗浪，暫時欣賞海景，釣魚為樂。把危險的事都拋之腦後，這就是釣客們不在意和灑脫的地方；如果遇到颱風天前後，可真遇到波濤泰山壓頂，捲人入海的慘事。報上把這種情形登上一段，市民也焚衣遙祭一番。西子灣悲劇常演，令人唏噓浩嘆。

到西子灣看落日是一景，旁邊的道路稱為「落日大道」。其膾炙人口的地方可想而知，那可比美馬尼拉灣的落日。看那紅圓而龐大的太陽慢慢的墜入海面，周圍晚霞滿天，色彩炫麗。令人注目凝神，感嘆造物主的神功。海面常有彩雲或厚雲承接著落日，真能看到太陽與海接觸的機會不多。就這樣看到太陽接近海平面的景致也就夠了。勞累一天的太陽也該休息，再見它的時候已是旭日東升。就這樣一天又一天的循環著，透露出大自然的奧妙。

西子灣南防波堤裏面，以前有個海水浴場。我在四十九年、五十年之間，曾在那兒游泳過。後來廢了，改在旗津建海水浴場。那原來的西子灣海水浴場，經過填海造陸，現已成為大的體育場，是大學生鍛鍊身體的好地方。如今又在西子灣南防波堤外面設立海水浴場，面積龐大，設備完善。每年元旦，還舉行大規模海泳比賽。各地的游泳隊伍、男女老少，紛紛來此參賽，熱鬧極了。高雄市港都特色的發揮，以此為甚。平時這海水浴場開放期間，也是泳客很多，的確是消暑戲水的好去處。

南防波堤和北防波堤相對著，中間的缺口就是高雄港第一港口。兩個防波堤盡頭各有燈塔一座。作為船隻入港航道的標幟。那北防波堤我也去過，那裏風浪較大，浪濤拍打堤岸的情形更是觸目驚心。還有小螃蟹、魚蝦等水族打上岸，可見那兒水族生態的繁盛。釣魚的人也有，比南防波堤少多了。交通不便，須從旗津區經過，繞過旗後山，從山腳下道路迂迴而來。那外面就是汪洋大海，航行或停泊著巨輪，也夠壯觀，只是人煙稀少。遊客都是挑方便的地方遊覽，於是中意於南防波堤。除非有特殊愛好，連釣客光顧那兒的也不多。

從西子灣看旗津燈塔，可真是優美雄奇。它聳立在旗後山上，白色的，建在懸崖上面。旗後山山腰還露出叢林。如今這旗津燈塔可以開放參觀，和南北兩個防波堤的燈塔成鼎立狀態。在夜間大放光芒，很好看。作為輪船入港的指標，也很實用。遊人上到那裏，縱目遠眺，海天一色，胸襟為之一振。

在西子灣前面的高雄港主航道上，時常有輪船進進出出。貨輪、客輪、漁船、公務輪、快艇、軍艦等，各種都有。鳴笛前進，衝破海上的波浪。船員們辛勤的工作，換來個人的生活保障和社會的繁榮，滿足人群的需要，這是大家都了解的。在西子灣停留的遊客，常向航行的船行注目禮。

西子灣的上面就是壽山。我曾在夏日的壽山上，目睹海上下雨的一幕。海上的雨雲由遠而近，那大雨就跟著雨雲逐漸來到，不下雨的地方還出大太陽，情況是明顯的。應了「東邊日出西邊雨，道是無晴（情）卻有晴（情）」那句話。

海水的顏色也隨著天上雲的顏色而有變化，白雲藍天下面的海水是淺色的、藍色的。烏雲和發毛的雨雲下面的海水是黑色的，這又應了「種瓜得瓜，種豆得豆」和「近墨者黑」那些話。

西子灣以前礁石不少，如今因填海造陸和道路拓寬工程，許多礁石已消滅，或者與道路相接。這也成了西子灣道路的特色，剩餘的礁石還屹立海邊。那浪濤不斷的拍打礁石，拂動著那綠色海苔等附著物。礁石下面有小螃蟹等爬著，增加了海的風韻和交響曲。礁石上也有釣客，他們能利用這地形地物來垂釣。

我曾坐輪船從高雄出發到澎湖、蘭嶼，或從高雄港第二港口出去，沿旗津海岸航行，由第一港口回來。或從高雄坐船到台灣南部沿海就回來。每逢遠遠看到壽山，看到西子灣的景色，都是很親切的。宛如遠方遊子回到家鄉，要進家門的心態。

西子灣旁邊是一所國立大學，那棕紅色的高樓大廈，宏偉建築的外形是吸引人的。校園中的樹木花草、亭台擺設，也令人娛目怡情。以前有人還擔心海風會加速實驗室儀器的生銹，那也未必然。細心的維護使用會延長儀器的壽命。這大學舉行的各種活動也成為市民往西子灣跑來的原因。這濃厚的學術和文化氣息，太難能可貴了。

西子灣以前還有一座動物園，由於這所大學的成立，動物園遷到壽山那一邊去了，以前的紅鶴很有名，數量也多，其他珍禽猛獸也不少。遊客如果要欣賞動物園，要從西子灣再走一段路可到達。

西子灣附近的山腰上，有舊英國領事館遺址，修建後，展覽以前高雄早期的文物圖片等。對歷史文物愛好的人來說，很值得一看。旁邊有座十八王公廟，是民眾信仰的中心，那曲折的山路，是鳥瞰港口的地方。海面遼闊，船舶穿梭，港都的景色表現出來。

最近幾年，每逢農曆正月裏，在西子灣海上，還舉行「打鼓祭」。那就是由幾艘船組成船隊，打鼓敲鑼，綵裝一番。由外海航行經過西子灣，向港區前進。象徵早期漁民入港的情形，也祭祀海神。在西子灣岸邊還建有看台。高雄市長親臨觀賞。航行中漁民向市長敬禮。西子灣旁邊大學的運動場，那時也舉行民俗活動。如車鼓陣、八家將、樂隊演奏，舞獅舞龍，各種舞蹈等。甚至還有外國的舞蹈團體，也參加表演助興。圍觀的民眾很多，很能收到春節期間與民同樂的效果。

記得五十幾年光景，美國一個滑水表演團體，還來高雄西子灣表演滑水節目。有的由快艇帶著踩划水板的人快速在海上通過，還飛越海上平台等。有的由快艇帶著風箏上的人，在空中飛翔前進，好看極了。那時看的人很多，沙灘上人太擠。大家就由海邊爬上防波堤觀看。有人爬不上去時，上面的人就拉他上來，充份發揮「助人為快樂之本」的精神。大家一齊站在防波堤和沙灘上，看海上滑水表演和空中飛人，是多麼有趣啊！

西子灣外海有時也有風浪板的練習和表演賽。五顏六色的風帆，配上與風浪搏鬥的鏡頭，這些海上健兒太勇敢堅強了，令人欽佩。西子灣可以比美夏威夷的海灘。高大的椰子樹聳立著，溫暖的風吹拂著大地。有海鷗在飛翔，翠綠的山野平地有雄偉的房舍顯現，好一幅熱帶風情畫。

在西子灣外海的沙灘上，常常有各種活動。像沙灘排球賽、拔河賽、熱門舞蹈、歌唱，以及社團舉辦的應景活動，像中秋賞月吟詩等。吸引的人潮洶湧，在港都造成熱門話題，也引起市民和青年們參與的興趣。來高雄旅遊和參加體育活動的人，到西子灣遊逛看海成為最普遍的行程，沒來西子灣就等於沒來高雄市。

據說在大陸問大陸同胞：台灣什麼旅遊地方他們聽起來最有名。許多人說是台灣的阿里山、日月潭。高雄的西子灣等，他們聽起來最有名，可見西子灣這塊招牌掛得是很大，很明顯的。這是不爭之論。

西子灣旁有「蔣公行館」，是以前蔣公治事開會的地方，也是臨海聽濤和休息的地方。各種擺設依舊。常有人去瞻仰參觀，緬懷蔣公的遺澤，現在常有美術展覽。

附近壽山山腰還有「忠烈祠」，那是由日據時代的神社改建而成。供奉烈士的牌位，按時祭祀。有寬敞的停車場。外賓來高雄參觀，這裏是必經之地。由西子灣去那裏有道路直通，路程不遠。依山面海，眺望高雄港和市區。可真是大開眼界，心曠神怡，不虛此行。

西子灣青年活動中心，地處要衝，是座引人注目的樓房。為遊客和青年學生解決飲食問題，提供休閑娛樂，進修場所。永恒而朝氣蓬勃的西子灣，正向群眾招手，歡迎大家蒞臨。這南方大都市的勝地，也正放射著耀眼的光和熱。

現在這活動中心和海水浴場等設備正在改建，由國立中山大學負責，預料未來會更加完美。

張培耕

一九二六年生，原籍江蘇如皋。曾任青年救國團專門委員、國立中山大學秘書等職。著有《以水爲鑑》、《以山爲師》、《駕馭與人生》、《智慧的鑰匙》、《平衡的超越》、《太極氣功》、《悲劇的悲劇》及《相思組曲》等書。

鳥瞰人生

——鳥的故事

小序

鳥為飛禽，根據考古，它與人類共處的歷史極其悠久。鳥和人類一樣，智商有高有低，品類有優有劣。以人類的觀點說，有害鳥有益鳥，有笨鳥也有智慧鳥。它們翱翔高空俯察人間，高瞻遠矚綜覽全局，光與黑，善與惡，美與醜，一目瞭然盡收眼底。

灰面鷲和伯勞鳥是一種候鳥，每年都要經過臺灣飛往南方過冬。當恒春建城一百三十年慶那年秋天，應友人之邀走訪恒春半島。途經楓港，再次目睹令人痛心的烤鳥吃鳥景象。

台灣號稱美麗寶島，以繁榮進步引以為傲。然而就在這裡，有人運用技巧捕鳥，為了賺錢烤鳥，為了口腹之慾吃鳥，更有人佈下羅網捕捉賽鴿敲詐勒索，貪婪、殘忍、惡霸，淋漓盡致。舉世重視環保愛護動物，我們竟然背道而馳，如何能夠自稱文明社會？忽然想起天上高瞻遠矚俯瞰人間的鳥，且說說牠們的故事。

之一　慈烏夜啼

烏的故事，最為國人所熟知者，是唐代大詩人白居易詠鳥詩之一的慈烏夜啼。這首詩淺顯易懂，深具人文哲學內涵與倫理教化意義。詩曰：

「慈烏失其母，啞啞吐哀音，晝夜不飛去，經年守故林。夜夜夜半啼，聞者為沾襟；聲中如告訴，未盡反哺心。百鳥豈無母，爾獨哀怨深？應是母慈重，使爾悲不任。昔有吳起者，母歿喪不臨，嗟哉斯徒輩，其心不如禽！慈烏復慈烏，鳥中之曾參。」

國家社會富裕起來了，比起過去，建築更為堂皇舒適，衣服更為流行華麗，但住在其中裹在其中的人，是不是也更有人性更為文明了呢？看看每天所發生的逆倫家庭悲劇，答案恐怕是適得其反。

慈烏「夜夜夜半啼」，只因「未盡反哺心」。這樣的故事，對自稱萬物之靈的人，既是啟示，更是教訓。

希望鳥的鳴叫之聲，能幫助我們超脫物慾橫流的污染，找回原本清淨的人心和天性，讓住在水泥叢林中的現代人，仍能享受慈教悌恭的天倫之樂和至情至性的人倫親情。

之二　德禽鴻雁

在大陸很多省份，雁是常見的一種候鳥。台灣則很難見到天空中有雁群列隊飛行。但是熱戀中常寫情書的情侶對「鴻雁往返」這一成語，應該有著親切而深刻的感受。鴻雁就是雁。

雁之性情溫和，既能愛護親屬照顧同類，也能與異族和平相處。「近人道，順陰陽。」具有仁德。

嚴守一夫一妻之制，倘不幸失去配偶，終生不再嫁娶，情深義重從一而終。節操堅貞，具有義德。

雁非常合群，長空列隊飛翔，池塘夜宿巡守，長幼有序各有定位。守紀律，重禮節，具有禮德。

淮南子：「夫雁順風，以受氣力，銜蘆而翔，以避矰弋。」夜晚住宿守衛部署嚴密，具有智德。

雁忠於節令，秋冬南來，春夏北去，一年兩次遷移，守時守信，所以又名「候雁」，具有信德。

仁義禮智信為人倫之常道，儒家以此樹立人之所以為人的道德規範。沒有這些，人將非人化，社會亦將回到叢林時代，面臨崩潰瓦解之危機。而雁竟能有此五德，國人乃視之為祥瑞之鳥，並尊稱其為德禽。

之三　鸚鵡救火

佛教雜寶藏經第二卷，佛以智水滅貪瞋癡三火緣這一節，佛對大眾說了一個故事如下：

過去，雪山有一片竹林，環境十分優美，許多鳥獸居住其中。有一隻鸚鵡名叫歡喜首，也飛到那裡棲息，但它看到山中鳥獸自私自利，居安而不思危，眼前雖樂終不可久，於是遷居他處。數月後，風吹竹搖，相互磨擦而生大火，鳥獸恐怖驚惶失措，火勢一發不可收拾。鸚鵡遙見，毅然展翅入水，濡羽飛而灑之。

天神見之，對鸚鵡說：此林廣大數千萬里，汝翅所取之水，每次不過數滴，如何能滅如此大火。鸚鵡回答說；我嘗僑居此山，不忍見其毀於大火。而今奮力而為，盡其在我而已。我心弘廣，精懃不懈，必當滅之。天神感其意誠志堅，乃降大雨，大火乃滅。

這個故事最為感人之處，在鸚鵡的不忍之心及盡其在我的赴義精神。一個社群如果大多數人都爭利恐後赴義不前，以勾心鬥角取代同情互助，僅靠少數人擇善固執，明知其不可為而為之，則一切富裕繁華，都是建築在沙灘上的巨廈，隨時都有可能傾倒毀壞，化為烏有。

之四　雞

鳥的故事，如果只寫大鵬在千里，雲雀壯志凌雲，雖然天馬行空意涵深遠，但基本上也是一種勢利，與諂上驕下揣摩逢迎的鄙陋並無不同？自己豈不也是一個勢利小人。因此，談談腳踏實地的雞。

雞有翅膀，偶而也能騰飛，只是高度有限距離不遠而已。換一個角度思考，雞之不願遠走高飛，也許別有懷抱，不惜以身示範，以諷諫人類的自私貪婪、無情無義、乖張和荒謬。

公雞

聞雞起舞，雞鳴報曉，是大家熟知的成語，都是對公雞的讚譽和肯定。公雞司晨，負責盡職，不言誠信而至誠至信。因為從不信口開河胡說八道，也就無需飾詞狡辯自圓其說，因而深深獲得早起人們的信任與敬愛。

至於衣冠楚楚的人，有者配帶價值昂貴的金錶，卻經常遲到甚至爽約。有者習慣以誠實為口頭禪，更有團體門口掛著強調信用的招牌，實際爭的是權力，說的是私利，既不誠實也沒有信用。

最令人嘆息的是，他們非但不肯認錯，反而強詞奪理文過飾非。與不鳴則已一鳴驚人的公雞相比，人不但應該感到自慚形穢，而且必須洗心革面痛改前非。如果死不認帳，不斷說新的謊話來粉飾舊的謊言，無論怎麼奸滑狡詐無賴，只能證明忝不知恥，已經病入膏肓。

母雞

從外表看，母雞顯得十分素樸平凡，似乎有點畏首畏尾，不若公雞那麼昂首闊步，顧盼自雄。但她生蛋、孵卵、育雛，善盡繁衍族群的母性天職。

責任之重與貢獻之大，較之公雞那種旭日東昇我先鳴的英雄氣概，實有過之而無不及。尤其當天空中有老鷹企圖俯衝捕殺她所帶領的雛雞時，她毫不猶豫地立即展開雙翅掩護它們，以身軀為城堡，以性命作武器，不惜與強敵一決生死，只為了保護下一代稚弱的新生命。

小雞長大了，必然會被賣到市場，那是主人唯利是圖將本求利，絕對不是母雞貪圖享受出賣子女。雞不會凌虐子女強暴子女出賣子女，這是雞非常人性化的一面，即使放在人的社會中，也應當受到肯定與表揚。

李　冰

本名李志權，大專畢業。曾任教職、記者，現任雜誌編輯。出版詩、散文、小說等二十三部。曾獲文協文藝獎章、新文藝輔導會金像獎及榮譽金像獎、高雄市文藝獎、高雄縣文藝貢獻獎及全國性「五四」文藝教育獎。

永恒的笑靨

——寫給甥女穆立國

霜染瓦壟，風掃落葉，人們正準備冬衣的季節，我卻一襲夏服來到瀋陽。瀋陽，我曾經擁有年輕，擁抱溫情的城市，是我飄泊生命中最璀璨的一頁。

面對照片這缽艷麗的繁花，立國，我又看到妳那張親切體貼的笑靨，妳的一聲「舅舅」，滌淨我旅途的風塵，感受到五十年後的古城，還有一份摯誠的溫情，這缽繁花，是妳親手擺在瀋陽玫瑰大酒店我住宿的房間，每次參訪回房，它都笑靨迎我，使我感受到親情的溫暖，也感到意外的驕傲，我喜歡它、珍愛它，用相機把它永恒栽植起來，它不再萎靡，也不會凋謝，成為妳給我的永恒禮物。我每看到它，就像看到妳一樣，立國，妳亦是舅舅心中一朵永不凋謝、永遠爽朗中張著笑靨的花。

立國，瀋陽二日，記憶永恒，記得在北京飛瀋陽的航機上，遠眺茫茫雲空，暌違多年，心中不免有種近鄉情怯的感覺。下機出關後，只放眼遼寧作家協會接機的文友們，沒料到一聲「舅舅」的呼叫跟著兩雙溫暖的手臂－妳和曉陽站立我面前，突然中的突然，意外中的意外，你倆一左一右的擁護著我，我感動得流淚了，這種收穫與驕傲，豈是金錢所能衡量，同行者都投我以羨慕的眼光，我是當時同行者中最榮耀的一員。

瀋陽參訪兩天，只要有妳在，總有一雙年輕的手攙扶我，使我處處有種落實的安全感，處處有羨慕的目光投注我。其實，我雖屆高齡，身體還稱健朗，這是得力幼年貧苦生活的磨練，在流浪的路上，當然也有跌倒的時候，我都靠自己的韌性爬起來，如今，竟有妳這雙溫暖的手臂扶持我，真感謝上帝厚恩，賜給我們這份「舅甥緣」，也感謝中國作家協會的邀請安排，有這次再相逢的機會。

立國，每當妳兩手攙扶我時，心中總高張著一份滿足的感覺，妳能永遠陪伴我身旁多好，我會驕傲的誇耀說「這是我外甥女，她在銀行工作，她是個很有教養的女孩……」，可是，妳是妳母親的女兒，孤獨的她，比我更需要妳呀！

提起妳母親，我心中總有種愴苦歉疚的感覺，好像有千萬個虧欠得無能解開的結，時局的殘酷、戰爭的割裂！徒呼奈何！她是妳外祖父母膝前的獨生女兒，雖非在溫室長大，卻也是兩老生命中的掌上珠，她像妳一樣，閨秀中有種男性的剛韌，她刻苦自修、堅強自處，雜亂中昂然挺立，風雨中不向厄運低頭，他一路走來的艱苦磨難，妳比我更清楚。更可貴的，是他不但創造自己亮麗的生命，也給妳們築了一個溫暖的家，使妳能在良好的教養中長大，擁有妳自己幸福美滿的家庭，所以他對生活經營的理念與韌性深值妳們去學習。

立國，妳父親如果還活著，這是個多麼美滿可愛的家庭，妳們可以安心於自己的工作，經營自己的家庭，他們老倆口互相扶持，相依為命，恨以天不假年，妳父親遽然歸去，他是個好人，憨厚誠懇，言語慎重，記得一九八九年夏我回瀋陽時，他身體已經有些虧弱，但精神硬朗，我倆談得天南地北語言投機，惹妳母親嘞著嘴瞪他，現在想起來，記憶猶新，惜乎！這次回去已無緣見他，天人永隔，老天何以薄他，他是個好人呀！

立國，瀋陽二日驚鴻一瞥的離開，在中國作家協會的安排下，我們又參訪了南京、揚州及杭州各作家協會，也瀏覽了心儀已久的名勝古蹟，包括胭粉名媛的秦淮河、風流幽雅的瘦西湖，威名遠揚的西子湖，「上有天堂，下有蘇杭」，這假上帝之手神乎其技的山川，真的美得令人乍舌，但那些美景只是觸及瞬間美感，滿足了嚮往中的眼福，在心靈中留下一抹記憶，一抹沒有根的記憶。

我把思緒從遠方拉回來，兩眼仍凝視著這缽繁花照片，就像面對妳笑得開心的臉頰，這種愉悅下我自己也常跟著笑起來，而且也笑得開心。立國，妳知道嗎？舅舅一生有太多日子埋在眼淚中，捧著笑臉的機會太少了，因為生活環境使我笑不出來，少小離家後，當學徒、跑單幫、做學兵……體驗過風雨泥濘的生活，走過荊棘瓦礫的窄巷，現在回顧這趟來時路，仍感心頭寒慄、驚悸猶在，不過，我也感謝老天賜我這種艱辛的磨礪，使我體悟出疾風勁草、火煉成鋼的諺語，今天我能堂堂正正很尊嚴的站著，又何嘗不是一種驕傲，當然，這除自我堅韌外，朋友的鼓勵、長官的提攜也是成長的助力，而妳母親在我一生的成長中，扮演著最重要的角色。

飲水思源、落葉歸根，瀋陽並非我根的泥土，但那古城內卻有一盞永遠照我的燈，我會再回去，立國，妳們會歡迎吧，還會兩手緊緊地、溫暖的攙扶我吧！

照片中的花簇還在笑，我想妳也在笑，立國，我的甥女，祝福妳！

石德蓋

在七十四個寒暑的歲月中，執教工作歷四十個年頭，立業成家、相夫教子，已大功告成，驀然回首，抓住人生珍貴的歲月，留下隻字片語日後打開欣賞，自我陶醉。真誠面對自我，去向心靈深處，是人生一大享受。

孩子，我愛妳

時光真抓不住，想想妳畢業後，晃眼間卅多個年頭了，在別後十多年後的一個午夜，妳來到我家門前，輕輕地叫我：「老師！」我聽出是妳的聲音，滿懷希望跨出去，妳卻好像和我捉迷藏，一溜煙地跑開了。陪妳來的同事和我去找妳，她說：「吳老師常提到您，說您對她有多好，她把您當成榮耀的掛在嘴上，所以今天特別自台北下來看您。」那天我和妳閑話家常，問妳的近況，妳很羞澀的只以幾個字回答我，頃刻妳就告辭了。

別後廿多年，那年我隨美西團隊去旅遊，途經舊金山，逛街時出乎意料的看到妳也在百貨公司大門口，我倆都十分驚喜，彼此打了招呼，妳約我到妳家去坐坐，我說不便脫隊，看到妳已有一女二男，以及妳能全神貫注到孩子的身上，妳已脫胎換骨——溫柔慈祥，在此情此景之下能和妳邂逅，真感謝天主的安排，可惜說不到幾句話，就依依離去。

前幾年，妳們全家五口，自美返國，曾來到我家小住數日，由小琦做嚮導，開車遊覽南台灣的名勝古蹟，妳是舊地重遊，妳的夫君對高雄也不陌生，但孩子們初次回國，好像到了另一世界，處處感到新奇，高雄玩過又到附近縣市景點，很開心。孩子們個個碩壯而文雅，都已是中學生了，但仍不脫孩子的稚氣，他們稱我外婆，使我難得多了幾個外孫，心情很爽，妳的夫君誠懇敦厚，談吐穩重，這都是天主給妳的福樂。妳在我家，就像回到自己的家，掃地下廚，甚至自己去買菜…妳幽默風趣，勤儉樂觀，看著妳的成長成熟，老師就好像看到妳懷中永遠擁抱著陽光。

自妳回美的三年多來，常常在夜間想到妳，回憶妳學生時代的種種。那時的學生全部住校，妳是個積極進取、真誠純樸的好女孩，因為妳是僑生，所以特別關照妳。全部僑生只有三位，每逢假日或寒暑假期，妳們就以我宅為家，妳們如家中一分子，大家和樂融融。妳的父母常住緬甸，意志堅強的妳，頗有自立精神，雖遠離雙親膝下，但自己的生活處理得很好。一次妳把友人自緬甸帶回的一組玉質手飾，要交給我保管，我婉拒說：「妳找別的老師吧！」妳卻毅然的說：「老師保管最好，這是媽媽遺留下來的紀念品。」我難以拒絕，只好勉強替妳保管。

數月後妳要取回，我在家中翻箱倒櫃，到處找也找不到，並發現自己的金飾、銀洋等也不翼而飛，我始料未及，真是心急如焚。當時我家住左營，幼兒和家當都交給女傭，而我朝六晚十在高雄女師工作，究竟什麼時候失竊完全不知。我只有據實告訴妳，妳聽了十分傷心、憤怒痛哭，我要買同樣價值的償還妳，妳說那不是妳媽媽的而堅拒，我為妳難過，也蒙受到不白之冤的痛楚，更無法安慰妳，遂親函給妳的父親，他很快就回了信。妳父親是一位資深的外交官，信中詞意懇切、情意感人，他要我不要在意，並謝我三年來對妳的照顧。妳仍和其他兩位僑生來家中吃飯，卻顯出和「媽媽」逗氣的樣子。

三年前，妳和妳全家翩然來到我家，我熱忱的接待妳們，精選了一個金質鑲細玉的戒指，送給妳夫君作見面禮，他很高興戴在手上，妳我相視會心微笑。我對妳的成長確實盡過心，一直把妳當成自己的女兒，從妳同事的轉述，知妳也把我當成親人，仍念念不忘於懷，妳一家大小都如我的親人，每次看到他們，或接到他們的信，都心感甘甜的滋味。妳一家人都稱讚小琦是一位好嚮導，她帶著妳的一女二男到處遊玩，對台灣的小吃更是喜歡，希望再回來時能多住些日子，外婆要請他們吃個夠。

妳重視自己的家庭，對治家頗有心得，是賢妻良母型，妳告訴我如何掃地、如何烹調、對衛生常識頗為豐富，很喜歡在家中做點心及創意的菜餚。其實以前的妳並不擅長此道，真是士別三日，刮目相看，如今妳竟是位專業的家庭主婦，因有妳的示範，全家每個人在他人生的跑道上奮力求自己的目標，妳展露出愛的光芒。

妳生活不忘進修，例如學習英語會話和生活技藝，每天在妳丈夫和孩子們回家之前，先把家中一切打點好，使他們快快樂樂地回家，妳的進步和成熟使我感到由衷的安慰。妳寫信給我時，稱呼我「親愛的乾媽」，我讀之老淚滴落、感動不已，手捧信箋，久久不忍放下，真的，妳的信都放在我的枕邊。

最近我正受三天的專業訓練，小琦說妳已打了多次電話來，未聽到我的聲音有些擔心，今天我剛回到家，妳的電話也就來了，妳慢條斯理的笑聲問候我，告訴妳：「我身體健康、精神愉快、還能學習，在做義工，請放心，我活得很好。」後來我說：「其實妳還有公婆，也要多關心他們、孝順他們。」電話中妳的一聲：「乾媽，再見！」使我喜悅的心情說：「孩子，我愛妳！」

鐵門前的午后

呂華興

一九二九年生，從警退休，喜愛寫作書繪。寫作的路，曾有過繽紛的幻夢，也敲碎飄渺空虛夢境，這段日子裡，學會了坦然，踏實地走，想每踏出一步必有一步的收穫，盈握這喜悅，相信上蒼的安排必有其用意。

門外，白花花的陽光擁抱馬路，泛著刺眼的光芒，盛夏午后這段時間，是最寧靜，最安謐的時刻，但在民生醫院安裝巨型鋼管煙囪的工人卻打破了這種氣氛。老妻漲紅著臉，一口氣哽在喉頭，微微顫抖的手上拿著記下的大貨車車牌號碼，焦急地檢視被撞毀的自動門。為瞭解請求損害賠償籌碼，我先電話請來廠商估價修理費，一方面搬出一張靠背椅，找個蔭涼牆邊坐下來，邊看書邊等著這輛肇事逃逸的大貨車再出現，這方法倒使怦怦跳動的心好像平靜一些。經過約莫兩小時，太陽似翻倒染缸，把個西天染得彤紅，大貨車竟然滿載巨大鋼管駛來，我站起來取下眼鏡，已退化的眼睛有點模糊不清，用手揉揉，伸展懶腰，看清車號後，向司機說：

「司機先生，我家自動門被你開車撞毀，你打算怎麼辦？」沒有想到司機雙眼圓瞪，怒獸般的疾向我厲言反問：

「你家的自動門是不是違章建築？」

我不堪這一無理襲擊，心幾乎要爆炸開來，好在平日讀些佛經道學，才壓下怒火，仍然心平氣和的說：

「自動門沒有超出建築線，凹裝在牆壁內，怎麼會是違建？」

司機的眼睛向被破壞的自動門一瞥沒有話說。我勉強擠出笑容接著說：

「已經叫廠商來估價過，需修理費一千五百元，經討價減為一千二百元，這錢要你來付！」

「這算是大家歹運！」，說得倒妙，無異要我自認倒楣，自己糊牛糞算了的味道。我看司機毫無歉意，惡形惡狀，頗為不滿，我也表態怕軟不吃硬的個性道：「你損毀我的東西，就必須照價賠償！」

司機把臉一揚苦笑道：

「我不承認是我的車子撞壞的，你怎麼辦？」一派流氓的口吻！我再也壓抑不下心中的怒火：

「我夫妻及鄰居都親眼看到，你想賴也賴不掉！」

「別緊張，這是民事，你要我賠，還得聘請律師打贏這場官司……」，他竟以法律嚇阻我，真是「秀才遇到兵，有理講不清。」

「你不賠償，只有請警察來處理。」

我打了電話，警察遲遲不來，我一直擔心車子開走，會增加處理上困擾，卅分鐘後再打電話給警局一一〇報案中心，終於來一位騎機車制服警員，我很恭敬點頭道：

「對不起！對不起！這點小事還麻煩你，實在非請警察無法解決。」

我把實情說給警員聽，警員注視著司機問道：

「修理費一千二百元，你有何意見？」未待司機表示意見，又接著向我說：

「這是民事問題，須雙方同意才能和解，否則我也沒有辦法。」

這時，突然有一位同夥的工人，很靈活跳上大貨車，盛氣凌人的高聲叫喊：

「不要妨礙工作，如果發生意外要你們負責！」

吊卸鋼管，起落之間的確很危險是事實，但同樣的一句話，如能和顏悅色相告就可以，何必如此動肝火傷和氣，顯然在幫腔，實在令人感到太野性，太無理，心想：他沒有想到，我是被害人，警察是公正的執法者，用這種口氣讓人感覺如同一根利錐直刺神經，但僵持不是辦法，我貼著警員耳邊建議：

「最好將司機駕照暫扣，告訴司機收工後到派出所來解決。」我的建議未被採納，既然警察在處理，我就不便插嘴，大家在旁觀看他們工作，等收工才談，此時很莫名其妙，又有一位工人，蠻牛一樣衝上車，以令人毛骨悚然的目光死死盯住我，嘴角往下彎曲，好像跟我有仇，唾沫四濺地泡哮：

「一千二百元賠你就可以，是不是！」

聲音近乎吼著，真像激怒的雄獅，張牙舞爪要吞人的樣子，其他四個同夥工人，愣愣地望著他，裝模作樣地工作，其實目光從眼皮縫漏出來，不停地窺視事態的變化，我內心想，警察在場，他膽敢把我活吞，就狠狠地回答：

「當然。」

說實在，對於以勞力謀生的人，我一向很尊敬，但是如今這群年輕工人之表現令人搖頭，難道對於一般事理都不懂，竟然摻雜橫行霸道的衝動，真是世風日下，倫理淪喪。收工後司機從口袋掏出錢來，警員看沒有問題就離去，我擔心錢沒有拿到手不保險，結果不出乎預料司機看警員離去則說：

「我沒有這筆預算，現在身上只有六百元！」

「怎麼可以，這錢是修理費是給廠商的。」

「不行到我家來拿！」司機狡猾輕鬆地說。

因為一時還沒有得到兩相情願的條件，不得已我再度電請警員到場，終於由我寫收據給司機，先收六百元，餘款六百元約明日補送到家。當要離散時天已暗，住家商店的燈一盞盞的亮了，我嘆息道：

「唉！為這點小事耽誤整個下午！」

「你半天算什麼，我一天工資都泡湯了」，司機瞪著眼口氣很不高興，讓我預感到餘款雖然不可能拿不到，卻是有麻煩。

拖了將近一個月，仍沒有那六百元的消息，信用第一，我再度去找那位處理警員，也見過派出所副主管，回答是：這是一樁民事，司機不履行和解條件，警察也沒有什麼辦法。所幸我從事警察工作四十載，粗識法律，雖然現今已退休，一個退休人的生涯，原本是平靜無波的過日子，可是命運畢竟是一種神秘的緣份，使人生有煩惱，也有驟然大變的環境，更有心靈起伏的悸動，像這樣小事使我心內交織非常複雜的奇怪情緒，按司機已構成毀損刑責，警方竟當民事來處理，莫怪無從顯現執法威信，我想起案發那天對方以聯盟形式轟人，又賴著不賠修理費，實在難以忍耐下去。於是向警方請求：「司機不賠償，我要告他毀損，請約定時間通知雙方來派出所製作偵訊筆錄移送法辦！」我憤憤離開派出所回家，這時很奇妙心情沸騰猶如遭遇一陣暴風雨一般無法平靜，想起如果當初就表明自己是退休警察身份，或許不會這麼麻煩。但是在我正常人生中一種特殊性格，總認為要憑特權來決定處理方式，對無權無勢的百姓實在太不公平。我很想知道警察素質及處事能力，也能藉此給予機會教育。雖然我已古稀之齡，沒有力氣比武，卻是憑從警四十年及曾承辦司法業務經驗多年，而且民國四十八年考試院舉辦警察升等考試，曾不小心民刑法律二科得滿分，僥倖取得第一號及格證書，這門亂資糧，讓我顛倒夢想，不要小看自己起來。一旦非打官司不可者，相信法律會保障弱者，尤其以時間來說，退休者是時間的富翁，因為時間即是金錢，對勞工實在太可貴，上法院其實是個蹺蹺板，偏於那一頭很難自控平衡，依我不介意活到掉光了頭髮，有這個機會學習上法院的味道，算不算活到老學到老呢？

說來蠻有意思，翌晨在我睡與正濃的當兒，司機駕車載其妻一齊送錢到家，並致歉意。終於雙方笑顏收場，對於能迅即息弭紛爭的重點，不用想就瞭解，是警方及司機都搞清楚了法律的尊嚴。

楊濤

筆名海歌，安徽亳州人。著作有：小說「最快樂的笑」；外傳「紀曉嵐外傳」、「蘇東坡外傳」、「袁子才外傳」、「乾隆與香妃」等。詩集「海歌」、「姊妹潭」「心窗」。藝術評傳：「書藝獵奇」、「畫苑春秋」、「無敵雄辯」等多種。

眞情痛快的告白

——談諾貝爾文學獎〈一個人的聖經〉

高行健得到二〇〇〇年諾貝爾文學獎，全世界華人都引以為榮，惟獨大陸上的反應卻十分冷淡，讀完了高氏此次得獎的作品〈一個人的聖經〉之後，才明白他寫的乃是毛澤東一手導演的文革時期慘無人道的悲慘實錄，毫不留情的揭露了共產黨最醜惡的瘡疤，難怪中共不但不表示欣慰，反而瞥了一肚子氣無處發洩，因為高氏已經入了法國籍，也就無可奈何了。

在台灣也許對高行健這個名字在他得獎之前相當陌生，他的作品更不多見，所以不僅保真先生在青年日報副刊上，表示高氏得獎是「名過其實」，就連歐洲的報章雜誌報導和一些專家的談話，也都說是大爆冷門。

但是旅居歐洲的華文作家趙淑俠女士則說：

「旅歐的華文作家們，都認為高氏非常有資格得到這項桂冠。」同時她把他比作歐洲中世紀時代行吟的詩人，說他沒有宗教信仰，他絕對崇尚個人主觀，乃至西方文明中的自由和人道精神。

到底高氏得獎的作品「一一」著有何高明過人之處？在這種好奇心驅使下，我讀完了「一一」著，發現它並沒有嚴謹的結構或華麗的辭藻，也沒有賣弄玄虛的小說情節，甚至更沒有一個完整的故事，主要是他忠實而詳細的記錄了一代苦難的中國人，在那段恐怖黑暗的歲月裡，所遭遇的種種悲慘事件，向全世界披露，作為歷史的見證，我想這就是他得獎的主要原因。

當然不同階層的讀者，會有不同的解讀，我在讀「一一」著當中，內心所感受的震撼，久久無法平息，所以我認為高氏之所以能打破諾貝爾文學獎百年紀錄，贏得第一個華人得獎的殊榮，是當之無愧的。

法國愛克斯普羅旺斯大學中文系主任諾埃爾、杜特萊，在「一一」著的序言中說：

「中國並未出現作家索忍尼辛激發的那一類的現象，對蘇聯勞動營的見證，有力推動了這種制度的崩潰……這部小說竟然是對中國極權制度一番無情的揭露……而又不放棄最大膽的文學手段，給世界上這片土地帶來一束強光……。」

「一一」著全書敘事的觀點，都是用「你」或「他」的人稱迴轉，「你」在當下，「他」是回憶，而「你」和「他」其實都是作者自己。有的地方，是用意識流式的自言自語的獨白，反覆時空交錯，打破了傳統現代小說寫作技巧的窠臼。

書中「你」和「她」對話中的德國猶太裔白妞，關于兩人之間性愛的描寫，竟是那末坦率不諱，但是讀起來，並不覺得那是齷齪淫穢；他寫他跟其他幾位女孩子的交往經過，也都十分坦白，全書的愛恨情仇，血淚交織，讓人讀來不禁掩卷嘆息。

一個不曾遭受共黨迫害的人，無法相信其手段之陰狠毒辣的慘狀，甚至對別人的揭發與描述，也很難置信。事實上他們當年發動的運動，三反五反，文鬥武鬥，把人類原始卑劣的獸性發揮了極致。各人為了自保，兒子鬥老子，妻子鬥丈夫，學生鬥老師，今天是同事、是朋友，明天可能變成了敵人或仇人，使人人自危，朝不保夕，如果不小心一句話說溜了嘴，隨時會被別人告密舉發，輕則判你十年八年勞動改造，重則可能腦袋搬家；十多億人口被愚弄得如痴如狂，有人遇到困難或危險，甚至生病或婦女難產生不下孩子，一不去設法解困，二不去找醫生，卻大聲朗誦毛語錄，當成祛厄治病的萬靈符咒，豈非可笑亦復可悲！

在「一」著中，高氏以冷靜的語調和寫實手法，不誇飾、不渲染的實況描述，有如聊天式的娓娓道來，巨細靡遺，完全是不可能虛構杜撰得出來的故事情節，使讀者彷佛感到自己也置身在三面紅旗之下，成為打入黑幫的「牛鬼蛇神」，隨時都會有被清算鬥爭的危險！

高氏說：「所以寫，不過是要表明有這麼種生活，比泥坑還泥坑，比想像的地獄還真實，比末日審判還恐怖……。」

他說那是一個沒有戰場卻處處是敵人，處處設防卻無法防衛的時代，書中人物，他的老同學外號叫「大頭」的，因為在集體宿舍閒聊說走了嘴那麼一句話，就成了大逆不道的罪行，罰到農場勞改，放了八年的牛。

光天化日，在鬧市西單的籃球場邊上，午間休息吃中飯的時候，大街上來來往往許多人，他騎車經過，十來個小伙子和幾個姑娘，穿的舊軍服，戴的黑字紅袖章，都是十五、六歲的中學生，用軍用皮帶抽打一個在地上爬的老女人，寫的是「反動地主婆」，已經爬不動了，還在嚎叫，行人都隔開一段距離，靜靜觀看，沒有一個人上前阻止，戴大蓋帽的民警晃著白手套從馬路上經過，彷佛視而不見，其中一個女孩，短髮紮成兩把小刷子，淺色的眼鏡框，更顯得眉清目秀，居然也掄起皮帶，皮帶的銅頭打在一叢花白亂麻般的頭上，噗的一聲，這老女人便雙手抱頭，滾倒在地上，血從手指縫裡流了出來，竟叫不出聲了。

「紅色恐怖萬歲！」紅衛兵糾察隊，騎著嶄新的永久牌自行車，從長安大街上列隊馳過，一路高喊這口號。

以上就是當時情況的一瞥，高氏不用吶喊、控訴、譴責、或誇大渲染的寫作模式，而祇是以冷靜、平實而真切的筆調，指向人性深處的自私、貪婪與狠毒，揭發人為的政治災難，如同瘟疫般肆虐的痛苦實況，把人物的內心活動，刻劃得極其細微生動，切切實實反映了一段苦難中國人的大悲劇。

不過我想高氏寫這本書的動機，既不是為了得獎，也不是為了創新寫作技巧，無非是為了消除積壓在胸中的塊壘，不吐不快，便率性的信筆寫來，把他遭遇的那場悽慘無比的噩夢，坦誠的向自由世界傾訴而已。

他謙虛的說：

「你揭發祖國、黨、領袖，……還有革命這種現代的迷信和騙局的同時，也在用文學來製造個紗幕，這些垃圾透過紗幕就多少可看了，……。」

有人覺得高氏對自己太過裸露的自我剖白，是否出賣了自己？也有人認為他對性愛的描寫，不宜那麼太過露骨。我以為真誠坦率的說實話，正是「一」著的可貴處，不能認為是出賣自己；至於性愛的描寫，中國人與西方人對於性的觀念不同，尤其是法國，他們認為性與吃飯穿衣一樣，沒有什麼必須諱言的，而高氏已旅居法國十餘年，或許有所影響，無可厚非；但也不能說：得了諾貝爾文學獎的作品就絲毫沒有可議之處，依筆者淺見，有以下三點讀後感：

一、分段零碎，時空交錯繁複、稍嫌紊亂。

二、書中人物，大多有姓無名，亦未見刻意經營，給讀者印象模糊。

三、大段的心理獨白，似非小說體作品所宜多有。

這些也許算不上是缺點，所謂「小瑕不掩大瑜」，何況各人的解讀與感受不同，自然也無損於高氏的盛譽。

叔侄情深

時傑華

一個藝文界的小老兵，傳統音樂戲劇舞台上的耕耘者。現任中華藝校教師、國風曲藝團團長、高雄市國樂團文教基金會董事。作品：創作歌劇「劉家寨」、「大港都組曲」、合唱曲「勇敢向前航」等。

隨著海峽兩岸祥和的春風，我這個漂泊的遊子，乘著自由歌聲的翅膀，經香港啟德機場轉機飛往闊別四十餘年的故鄉——鄭州市。今日回想起來，恍若一夢，轉眼已是十年前的往事了。但那一幕久別重逢的返鄉情節，總叫人難以忘懷，而且是回味無窮，令人心酸與感傷。

我的故鄉——河南省遂平縣，北臨黃河，南依江淮，地處華北平原之上，正是歷史上所稱的中原，小時候，父母常年仕遊外鄉，因此在我童年生活圈中，壽青叔嬸照顧我的親情深厚，至今依然刻骨銘心，常念不忘。

壽青叔的學歷不算高，他畢業於河南省立開封高級師範學校，主修藝術教育。在那個時代，已算是高級知識份子了。八年抗戰時期，他擔任一所中心小學校長，在日軍侵華，渡過黃河那段艱苦歲月裡，我是他的學生，他是我的校長。開學時，叔騎單車（當時很高級的交通工具）載著我，翻山越嶺，常在細雨風雪中，行行復行行；由家裡前往數十里遙的學校所在地。放假時依然騎車載著我回家，那段日子雖然環境惡劣，生活艱困，心裡總是甜甜蜜蜜，歡歡喜喜，好像幸福常伴隨，無憂無慮，快快樂樂；也許那就是人間天倫之樂吧！

在故鄉生活那段日子裡，父親與叔父閒聊時，時常為了某一句話，爭執得面紅耳赤，互不相讓，當時因為年紀小，渾然無知，後來經長輩解釋才恍然大悟，原來他倆兄弟鬩牆，是國民黨與共產黨意識形態之爭，父親站在國民黨這一邊，壽青叔站在共產黨那一邊，因為思想觀念互異，其言行也就在一個中國前提下各自表述，各說各話了。從這幕鬧劇中，真正反映出國、共兩黨衝突之民間化。家庭化的原始背景，而今觀之，只不過是政黨政治理念互異罷了，並無甚麼特殊意義，但最後結局，國民黨仍以絕大多數優勢丟掉了大陸上的政權，在時光隧道中，歷史往往嘲弄著世人，在歷史舞台上，人們不斷上演著滑稽可笑的鬧劇；想不到五十年後，這個曾經叱吒風雲推翻滿清的中國第一大黨——中國國民黨，在台、澎、金、馬這塊自由民主的土地上，再一次丟掉政權，並以非常和平理性的方式，將政權拱手讓給民主進步黨，這一歷史傑作，也徹底摧毀了毛澤東：「槍桿子底下出政權」的神話，豈不妙哉！

十年前，海峽兩岸放棄敵意，和平相處，開放探親，寒冬季節，我帶著女兒與緻勃勃地由高雄小港機場乘華航班機飛往香港，再轉搭中國民航飛鄭州。在香港啟德機場，第一次看到中共的五星旗，正好與華航的青天白日旗幟互輝映，此情此景，如夢似幻，叫人不由自主的在矛盾中觀望，心情卻有幾分感傷，由於時值寒冬，鄭州機場跑道結冰，飛機臨時在廣州白雲機場降落，出海關時，有一位旅客填寫入境表格，將國籍寫成台灣，遭到海關人員的不滿與責難，因此也浪費了很多時間，後來經由旅行社人員協助，改寫為中國，便順利通過了。

遊子歸來，近鄉情怯，次日，當飛機降落鄭州機場的剎那間，心情激動得無法形容，正如唐代詩人賀知章詩句：「少小離家老大回，鄉音無改鬢毛衰，兒童相見不相識，笑問客從何處來。」這首詩句非常感性的道盡一個遊子歸鄉的心情。

匆忙中走出機場，在擁擠的人群中，認出久別重逢的親人，壽青叔模樣如昔，只是蒼老許多，一時迫不及待地撲向他老人家的懷抱，泣不成聲，淚灑機場，那一幕親情相擁鏡頭剎那即逝，但叔侄濃郁的深情卻是永恒。

葛治平

一九三一年一月六日生於湖南湘潭。一九五〇年隨海軍來台，營中苦學，畢業於政戰學校七期政治系。歷任黨政、軍、公、教等職，最後在高雄市中正文化中心主任退休，早期用老K、彭拜、葛菲、紫冰等筆名發表文章，因以上筆名有相同者，後來恢復用本名。

回首煙塵滾滾處

出生的那年，爆發了「九一八」瀋陽事件，以後日軍接二連三挑釁。到「七七」蘆溝橋槍響，點燃全面戰火，整個中國，陷入動盪的危局中。童年就在烽火漫天中燒盡。在動亂的時代中，保住了小命，實在萬幸；不過戰爭奪去我求學的權利，是我金色歲月中，無法挽回的遺憾；所幸戰爭結束後，我考入長沙中學就讀，這是一所專收流亡學生的機構，全部公費；可惜好景不常，半年後學校被裁撤，我再度輟學。

抗戰結束，華北干戈又起，多難的祖國，轉入另一場浩劫。兵荒馬亂中，未成年的青少年，何去何從?自己也感到迷惘。十六歲了，心智稍趨成熟，不顧父母反對，決定展翅高飛，以振鴻鵠青雲之志。誓在逆風中，磨礪自己，創造出自己的事業前程。

是一個殘冬的深夜，月明星稀，家人正在熟睡中，我冒著刺骨的寒風，約好同學，蹺家出走，踽踽江湖少年行。離家時，身無分文，除書包課本外，唯一的家當是一支新購的牙刷。坐「霸王」火車翌日抵衡陽市，搖身一變為海軍志願兵。換上軍服，帥氣十足，想拍照寄回家，安慰白髮蒼蒼的爹娘，無奈連寄信的錢都沒有，照相更別夢想了。不告而別，家人一定擔心我的安危與去向，歉責與內疚，壓力倍增。面對滾滾湘江，凝望點點歸帆，觸動我思親之情，忍不住躲在河邊碉堡中，大哭一場，以抒解壓力。

卅七年底，徐蚌戰事緊張，隨軍到了上海，因金融風暴襲擊全國，國幣已廢，關金無用，金元券貶值，銀元券正在印刷中，全國掀起搶購風潮，軍中薪水，只能買一套燒餅油條，我用破舊的學生服，換了一角銀幣，勉強購了文具、郵票，寫信向家人報平安。隨軍抵舟山後，接到父親的手書，但家鄉早已被中共接收。

少年懵懂離家，千山獨行，笑傲江湖近五十年，如今已是塵滿面，鬢如霜。想起當年膽子之大，靠「一把牙刷打天下」，仍不寒而慄。

卅八年，總統蔣公引退下野，副總統李宗仁棄職飛美，中樞群龍無首，國軍兵敗如山倒，戰火逼近舟山。

卅九年五月十九日，隨海軍陸戰隊由舟山撤退來台，廿一日下午，軍艦進入左營軍港，岸上擠滿了歡迎人潮，暈船三日，又餓又渴。海軍婦聯會，代表蔣宋美齡主委，分贈每人慰問袋一個，內有麵包、香蕉、甘蔗，這是我初次嘗到台灣土產，確實甜在嘴裡，感激在心頭。踏上碼頭的一小步，卻是我事業中的一大步，從此與這塊地，結了不解之緣，與伙伴們，同甘共苦，打拼五十年，有花有果。

五月間，我們穿著冬天的服裝來到台灣，走到左營國小，足部起水泡，棉衣已濕透，卸下武器與裝備，整個身體像剛撈出的水餃，我們利用校園樹蔭降溫。夜宿學校走廊足足一年，無蚊帳、蚊香、殺蟲劑。我們的血肉，成了蚊蟲、螞蟻、臭蟲、跳蚤的營養晚餐，在缺水缺電的情形下，患瘧疾、痢疾、皮膚病的人很多，我也罹患這些病，醫藥缺乏，只有將生命交給上帝了！

台灣在日據時代，人口是四百餘萬人，光復時是六百餘萬人，卅八年政府播遷來台以後，人口增到八百餘萬。房屋奇缺，糧食不足。水電告慌，民生必需品，都是供不應求，通貨膨脹，日子過得很苦。後來軍中推行「克難運動」，我們自建竹籬茅舍為營房，養豬、種菜，體會到大家庭的溫馨。四十一年冬，貝絲颱風，橫掃南部，克難營房，夷為平地，我們又過風餐露宿的苦日子。卅九年韓戰爆發，美國派七艦隊駐守台灣海峽，美國軍援經援，相繼撥入，軍人生活才獲改善。

卌八年十月一日，「中華人民共和國」在北京成立，兩岸對立局面形成，為求生存，為求發展，追隨政府來台的軍民同胞，戮力同心，經營這塊土地，塑造成太平洋上閃亮的珍珠，創造了不朽的「台灣經驗」，更令人羨慕的「經濟奇蹟」。世界有許多國家，也來台灣取經，分享我們的成果。

三軍軍官學校，先後在台復校，為配合國防現代化，政府又增加了多所軍事院校，，因為我沒有高中學歷，無法報考；但是我始終未放棄求學心願，當年我的下士薪餉，每月是新台幣廿四元，折合美金不到六角，我分配十元補英文，十元補數學，其它如理髮、洗衣、肥皂、牙膏、衛生紙……只有四元可支付。上下補習班，公車優待票一次二角都付不起，只好用跑步來趕時間。四十三年，軍中創設免費的隨營補習班，我省了補習費，三年苦讀，獲高中同等學歷。那年，我考入政戰學校政治系，不但滿足我戴「方帽子」的虛榮心。最重要的，奠定我專業知識與服務社會的學術基礎。退役後轉任公務人員，那張「法學士」證明幫了大忙，軍校四年寒窗，惠我良多，我很感恩。

年年花開花落，歲月不饒人，隨政府來台年輕者，逐漸進入中年。金門「八二三」砲戰後，對岸「解放台灣」，我方「反攻大陸」的聲音，由大而小，最後聽不見了，外省籍同胞，掀起了成家熱潮。隨政府來台的軍民約二百萬人，但是男多女少，造成性別生態的不平衡，生命中的共同體，可遇不可求。台灣民眾那時尚未脫離「二二八」事件的悲情陰影，族群意識強烈。四十八年的「八七」水災，損失慘重，國軍支援災區重建，地方有識之士，見軍人刻苦耐勞，協助災區復甦，深受感動，紛紛鼓勵「蕃薯人」（台灣地圖像蕃薯，故自稱為蕃薯人）結親，五十年代開始，國民教育水準提高，族群藩籬逐漸消除，芋仔在蕃薯田生長，培育了許多菁英。成為國家發展的基幹。

感謝神的撮合，我認識了一位荳蔻年華「寶島姑娘」經過長期的感情培養，三年後走過紅地毯那一端。眷村竹籬笆內，春光無限好，我們接二連三，弄璋又弄瓦，為創造宇宙繼起的生命，忙得團團轉。那個時代，軍人待遇是各行業中，收入最低者，家中常常寅吃卯糧，每到月底，則食無肉，妻子體貼我的為難，安慰我說「青菜豆腐最營養，清茶淡飯菜根香」這種甜檸檬式的詞令，我很感動，更珍惜這段情緣。婚後我和妻子，除照顧家庭外，同時撥出時間充實自己，妻子完成高中學業，並進入空大進修，我也用公餘之暇，完成多項專題研究，並派往美國參加國際會議，我們資產方面雖然貧窮，精神生活卻非常豐富。

十六歲離家，年歲越大，越對家園懷念，「故國夢重歸，覺來雙淚垂」是常有之事。兩岸開放探親後，於民國八十年清明節前夕，我牽手妻子回到我生長的地方——湖南湘潭，完成認祖歸宗的心願，使「寶島姑娘」有家族的歸屬感。父母已雙亡，兄姐勞改後，遠離故居，我的「回歸」促成葛氏宗族第二次大戰後的大團圓，掌聲鞭炮聲，此起彼落，熱鬧空前。剪不斷的親情，理還亂的思潮，我和妻在眾人面前，相擁而泣。隨後在舊庭院中，自燴酒席十桌，趁此良辰美景敘述別後離情，「渡盡劫波兄弟在，相逢一笑泯恩仇」陳年舊事，細訴不完。幾乎夜夜挑燈到天明。

姊姊交給我一包玉器，告訴我：「父親臨終時交代，你小弟雖然無音訊四十多年了，他一定會回來，這點玉器留給你弟作紀念。要他回來後，在我墳上添一把泥土」。我相信父子之間「心有靈犀一點通」，卅年前，我在台灣置產，新屋破土時，特別留下淨土一包，用錦繡絲盒珍藏。這次清明掃墓日，我和妻親手將這盒淨土，獻給雙親，這是我們用血汗灌溉過的泥土，也是我們在台奮鬥多年的成果，要與祖先分享。代讀祭文的外甥女——俞琳，感動得泣不成聲！

江南清明時節，春雨綿綿。祭祖時，瞬間陰霾掃盡，日麗風和，久雨新晴的原野，柳綠桃紅，菜花黃，豆花香，杜鵑鳥聲聲呼喚「歸去」！也許她還不知遊子早已返故園。香煙裊裊，是慈母手在弄針線。風兒掠過樹梢，灑落滿身露珠，是父母含笑的眼淚。知道遊子不辱祖宗遺訓，分別在海峽兩岸共負「詩禮傳家」的使命。祭壇禮罷，傳來台灣兒女的電話，問我歸期？別離故鄉近半世紀，我本是生長在這塊土地的主人，今日卻是來去匆匆過客，嘆世事如此無常！

整理行囊，帶著親人祝福，臨別依依，淚灑機場。才揮手，身已在藍天白雲中。遠眺窗外，青山依舊在，湘江日夜在奔流，夕陽無限好，然而在不知名的遠處，仍舊煙塵滾滾。大地如此錦繡，祈求我主，賜福眾子民，多一些智慧，珍惜萬物蒼生，少一些權謀，遠離戰爭。大家在地球村上，和平共存，一齊努力為萬世開太平。

孫　虹

本名孫德彪，江蘇人。曾受教於台中師院、淡江大學、國立台灣師範大學教研所。曾任公職專門委員、副司長、圖書館館長、教育部督學。現爲專業作家。著有小說「浪濤」、散文「遊走地球村」、評論「急變中的台灣」等九種。

圓夢

一九四九年，那時年少，在內戰的烽火中到了台灣。半世紀之後，二〇〇一年春天，終於有機會返回大陸老家，圓我盼望五十多年的歸鄉夢。

四月十七日，由鄉親姜芝輝兄陪同我與修兒從上海返鄉探親祭祖。那天一早趨車太倉乘渡輪北上，在煙波浩淼的揚子江上踏上歸途，約四十分鐘抵海門市，住進一家新開幕的賓館，晚上承姜兄家人設席晚宴。次日一早，專車前往袁灶港，接一位同鄉請他帶路回家。

一九四九年，老家的行政轄區為南通縣沙南鄉，現在改為南通市二甲鎮南海村。記憶中，由海門往北二十四華里，便是我的故鄉。這條回家的路我是很熟悉的，沿公路或水路都可回到家。

汽車駛離渡輪，從江邊渡口到海門市區，僅十多分鐘就到了，記憶中這段行程開車要半個多小時，怎麼這樣快就到了呢？原來揚子江下游出海附近，經過半世紀的變遷，江北沿岸的陸地被浸蝕了一大段，海門市與江邊的距離拉近了。海門市區街景，與回憶中的模樣也變得陌生了！

故鄉原是揚子江下游的一片新生地，清末民初才開發，新生地上河流成井字形縱橫交錯，一望無際的平原上水陸交通四通八達。因為河流多，橋也特別多。可是如今從海門出發，一路到袁灶港，竟很少遇到橋！車子到了袁灶港，這裡曾是我讀小學的地方，不見舊時景物，又使我感到很陌生。下車休息，東張西望，連似曾相識的印象也捕捉不到！難道是我的記憶消失了嗎？不會，童年的記憶是永遠鮮明的，只是面對眼前景象，怎麼也無法和往日的記憶聯接起來，也許市區擴大了，停車處，全無兒時景觀，總之，舊的印象與新的市街已是兩個不同的世界了。

計程車照著領路的同鄉指引駛向老家故居，老家在那裡？故居又在何處？不見排列整齊的農舍、宅院，河流也消失了，錯落的房舍，像方塊積木似立在滿眼油菜花的大地上，這是故鄉嗎？我疑惑地觀望著，她與我夢中的故鄉不一樣啊！這難道是一個新的夢境嗎？是眼前的故鄉陌生了？還是自己成了故鄉的陌生人？車子不停地向前行駛，我不停地翻閱童年的記憶，也不停地注視著窗外的一幕幕場景，也就不得不承認自己只是一個回到故鄉的陌生人了。

遍地的油菜花，金黃色的大地，連著遠方的地平線，很美很美，以前也有油菜花，只是零零星星地點綴在青色的麥浪間，現在農人不種麥子了。以前農舍宅院前後，在這春暖花開的季節，桃花紅，李花白，青青的柳條隨風搖曳，如今都已不見了。我不禁訝異地探問身邊的同鄉，他說家鄉的人口激增，土地面積相對減少，為了增加生產，只好填河成田，以前住宅周圍的環河（類似護城河）也已填土為田，又因人口遷移，原來排列整齊的住宅也改變了，桃李柳樹也就沒有了，不但如此，連所有的墓地也都平為良田。我聽得驚訝不止，他望著我，半響，又補充說：為了生存，地下的祖先會原諒的。

他說得那麼自然，肯定，也許這就是故鄉的新價值觀吧。車在不太平坦的公路上行駛，窗外依然是金黃色的大地，錯落白色的房舍。沒有近鄉情怯的感覺，也許面前的故鄉不像故鄉，沒有游子歸鄉的激情，我只茫然地凝視著窗外，在認知與否定間猶疑不停，一時間不知失落了什麼？車子左彎右轉便停了下來，跨出車門，踏上故鄉的泥土，故鄉就在眼前，但她對我卻是個完全陌生的地方。

不見舊時庭院，也不見夢中的景物。人群漸漸多了起來，是族人還是鄰居？一位高瘦的中老年人向我走來，他就是照片中看過的堂妹夫，他領著我走進完全陌生的家，拜見了我唯一的長輩三嬸，他老人家九十多了，精神體力都很健康，他說的一口鄉話，我竟然似懂非懂的不太明白，要靠年輕人從旁解說才能溝通交談。我二叔的女兒和她的夫君也來了，還有一些遠房的族人，大家相聚各表身份，算來我是較為年長的了。他們的普通話都說得很流利，彼此交談順利。問起許多親友長輩，大多已經作古，半世紀的分離，人事已非，老家模樣也已更改，蒼海桑田，怎是一句往事不堪回首所能形容彼此的心情，別離後的種種也就不多細說了。我得先去先父的墓前祭拜。（先母早逝，墓地早已建有房舍，不便祭拜。）

我問先父的墓地在那裡？堂妹夫輕聲地說了一句：「跟我來！」我和修兒辭別了三嬸跟著家人往外走去，春天溫暖的陽光下，走在金黃色的大地上。堂妹夫在一片油菜花地的田埂上停下腳步，看了看，往前邊一指：「就在那邊田中間！當年大伯父生前就看中的這塊福地，說是好風水。大伯父的話真的靈驗，如今大哥事業有成，子女品學優秀，前途光明。」感謝他的安慰，但我心裡對先父感到愧疚，眼眶裡忍住淚水，只是沉默無語。

油菜花有半人高，跟著堂妹夫走過田埂，撥開油菜花，他又仔細觀看了一會，才指一指油菜花地下說：「就在這裡了！」接著他在墓前拔了幾枝油菜花，騰出一小塊空間放下一堆冥紙，燃放幾串爆竹，我與修兒跪地祭拜，其他的家人也依次祭拜。想起當年與父親分別的那天清晨，在上海，下著雨……那時他正中年，我們相信這是短暫的分別，但事與願違，如今五十多年以後，我回故鄉，只是在他墓前跪拜，他老人家已在這塊油菜花田的地下，連墓碑也沒有的墓地安息了三十多年，我才能回到故鄉，不見生面，墓前祭拜也遲了又遲，怎是一個無奈可說……多年前，三叔生前在信上告訴我，父親臨終走得很平靜，還要求播放音樂歡送他往生。彌留時還說看到神仙前來迎接他，清醒時又對三叔說：「此生無憾，唯一讓我不捨的，還是那個不知下落的我兒……」這一幕幕從我腦中閃過，我盡力忍住淚水，不願父親在天之靈再添憂傷。

冥紙的火花熄了，拜別開滿金色花朵的先父墓地，他老人家生前篤信宗教，事親至孝，為人忠恕，做事勤勞，曾任公職，也做過小學教師，一生最大的遺憾，只是沒有看到流落在烽火異鄉的兒子。如今我回來了，正是他老人家逝世三十周年的前夕。家人說大伯父地下有知，亦可含笑九泉了，是嗎？如果兩岸當年沒有一道隔離的高牆，我當早已返鄉侍奉他老人家了，這是命運的捉弄，也是無法抗拒的國難悲劇。

再回首望一眼那金黃色的大地，想著先父超然脫俗的達觀，他長眠的地上，雖然沒有一方墓園，但每年春天的墓地上，開著遍野的金色花朵，獻在他長眠的墓前，願他老人家在天之靈安息無恙。

中午返抵海門，在堂妹的女兒家午餐，滿桌的家鄉佳餚，享受一餐遊子的口福。午後互訴離情，五十多年往事，說不盡，講不完，但也總算圓了返鄉的夢。先父的墳上沒有墓碑墓園，能否盡點孝心？且待來日努力了。

傍晚，乘外孫婿的座車專程送回上海。返鄉雖已圓了我的夢，但也新添了一股沉重的失落感，因為故鄉人事景物都已更改，故鄉不再是我夢中的故鄉，童年的記憶也隨之幻滅。故鄉！但願她仍是我的故鄉，我盼望，也永遠的祈禱！

金陵新景閱江樓

周嘯虹

筆名蕭鴻，一九三二年生於江蘇。已出版「周嘯虹自選集」「屐痕」「三十功名塵與土」「悲歡歲月」「歸鄉拾夢」「國劇劇本創作」「馬祖、高雄、我」；曾獲教育部文藝獎、國軍文藝獎、高雄市文藝獎等。現任高雄市文藝協會理事長。

長江南岸，有三座著名的樓閣，合稱為「江南三大名樓」，它們是位於湖北武昌的黃鶴樓、湖南岳陽的岳陽樓，以及江西南昌的滕王閣。這三大名樓，非止歷史悠久，更由於上千年來騷人墨客的揄揚，聲名遠播，「三大」的地位一直屹立不搖；但現在，這個專有名詞顯然已受到挑戰，勢必因為南京閱江樓的誕生，而不得不改稱「江南四大名樓」。

閱江樓，名不見經傳，二〇〇一年九月以前的南京旅遊地圖上，還找不到他的芳蹤，直到這年十月出版的新地圖，閱江樓才被列為南京的景點，比之秦淮河、夫子廟等老字號，它的資格還嫩得很。

然而，另一個事實卻又顯示並非如此，「閱江樓」的歷史至少也有六百年以上，只是這座樓閣在籌建之初，即停留在紙上作業的階段，從未建成，一直到一九九九年，南京下關為發展觀光事業，才從歷史文獻中找出資料，並投入人民幣四千萬的巨資，花了兩年半時間，終於造成這座明朝第一個皇帝朱元璋想建卻沒建成的樓閣。

歷來風景名勝大都會和文人搭上關係，所謂「地以人傳」，一個不怎麼樣的風景，只要經過騷人雅士的品題，常常便登上龍門，身價百倍，江南三大名樓之所以成「名」，自然離不開千百年來的文人品題。

三大名樓中，歷史最久的首推黃鶴樓，它始建於南北朝時期的南齊，位在武昌的黃鵠磯上，它面臨長江，形勢險要，唐朝大詩人李白的傑作：「故人西辭黃鶴樓，煙花三月下揚州，孤帆遠影碧空盡，惟見長江天際流。」把黃鶴樓的風光描述得淋漓盡致，另一位詩人崔顥則更動情：「昔人已乘黃鶴去，此地空餘黃鶴樓，黃鶴一去不復返，白雲千載空悠悠。晴川歷歷漢陽樹，芳草棲棲鸚鵡洲，日暮鄉關何處是，煙波江上使人愁。」此外為黃鶴樓題記的詩文成千累百，再加上仙人乘鶴的神話，黃鶴樓想不成名都難。

在洞庭湖畔的岳陽樓，氣派小得多，但它位置極佳，俯瞰洞庭八百頃浩瀚煙波，景象萬千，也有一千三百年的歷史。它在唐朝代宗時期初建，並未享大名，到了宋朝，范仲淹在重修岳陽樓完成後，寫了一篇「岳陽樓記」，其中名句：「先天下之憂而憂，後天下之樂而樂」，傳誦千古，岳陽樓也跟著奠定了名樓的地位。

至於滕王閣，名氣就更大了！滕王是唐朝的宗室，分封洪州（今江西南昌），他並不是一個好東西，卻拜滕王閣之賜，居然也名傳千古，這當然得感謝那位寫下「滕王閣序」的才子王勃。滕王閣始建於唐朝永徽四年（公元六五三年），直到二十多年後，當時的洪州都督閻伯嶼重修，王勃參加了重修落成的盛會，寫下膾炙人口的名篇：「落霞與孤鶩齊飛，秋水共長天一色」，滕王閣從此名揚四海，唐高宗李治讀完滕王閣序，拍案叫絕：「王勃真奇才也！」韓愈也寫過一篇後序，並以能附在王勃的篇後為榮，兼以王勃以二十八歲英年早逝，更增人們對滕王閣的遐思。此一名樓在一千三百多年中，歷經二十九次重修，名氣始終不衰。

那麼閱江樓究竟有什麼資格列入名樓之列？首先，它最為奇特的是，先有記而後有樓，且相隔六個世紀之久，是由今人完成古人的夢想。這段由文獻中的樓名到建成真正的樓閣，其過程就是一個傳奇。

從前讀書人必讀的「古文觀止」中，在第十二卷的「明文」裡，有一篇明人宋濂寫的「閱江樓記」，宋濂是明太祖朱元璋的文學侍從之臣，他這篇大作便是介紹閱江樓的，他雖把樓的興建地址、建築概況，在文中描述得很清楚，但後人始終找不到閱江樓曾經建成的證據，難道說：這篇文章是憑空杜撰的？

事實證明，閱江樓的確是朱元璋真心想建的樓閣，他甚至親自寫了一篇「閱江樓記」，描摹對此樓的構想，當時為洪武七年，朱元璋還曾下令朝中大臣做了一次「作文比賽」，題目就是「閱江樓記」，結果，除了皇帝自己的一篇外，在一百多篇煌煌大作中，唯有宋濂的一篇獲得青睞，這兩篇文章亦因此隨著明朝的歷史流傳了下來。

但閱江樓卻一直只是空中樓閣，始終未建的真正原因，至今已是一個謎，以專制帝王的威權，建一座小小的樓閣，又何難之有？為什麼「閱江樓記」都已公諸天下了，建樓的舉動卻未進行，從有限的資料中窺探，未建樓的原因很可能與太子朱標反對有關。

在兩篇「閱江樓記」中，都明言「閱江樓」之名是明太祖欽定。閱江是巡閱長江的意思，自是氣象恢弘，朱元璋雖然出身低微，但他的詩文，別有一番開闊的氣勢，例如他西征陳有諒所寫的一首詩：「馬渡江頭苜蓿香，片雲片雨渡瀟湘，東風吹醒英雄夢，不是咸陽是洛陽。」便大有帝王氣勢，而閱江樓之籌建，又跟他的英雄夢有著密切關係。

閱江樓籌建的地點，在南京城西北方獅子山上，這獅子山高七八點四公尺、周長只有二公里，面積十四頃，在江南平原上，只是一個螺髻似的小山崗，別瞧它小，卻大有名堂，它曾兩度被命名，而命名的人都是皇帝。公元三一七年，晉元帝司馬睿初渡長江，看見這麼一座小山，綿延和石頭城連接，樣子很像河北盧龍寨的長城，便把這小山賜名為「盧龍山」，這個名稱一直用了一千年左右，到了明太祖朱元璋才把它改名為獅子山。

朱元璋為山改名，有一個重要因素，那就是獅子山是他的福地。在大明王朝尚未定鼎之前，朱元璋雖然已經佔領了金陵這個戰略要地，但東南的蘇州有張士誠，西方的湖廣有陳有諒，還有一些各據一方的豪強，所幸中國人的傳統性格──人人都要爭做「老大」，這就給了朱元璋各個擊破的好機會。當時最重要的一個戰役，便是在獅子山附近進行的，公元一三五七年，陳有諒率四十萬大軍進攻金陵，朱元璋只有八萬人馬，在此眾寡懸殊的狀況下，朱元璋採疑兵之計，在獅子山設下伏兵，山頂上派人觀察，陳有諒的水上大軍開始進攻時，朱軍偃旗息鼓；此時只有山頂的瞭望人員揮動紅旗，讓對方莫測高深，等到敵方鬆懈下來了，山頂黃旗擺動，伏兵齊出，陳有諒的大軍措手不及，被打得潰不成軍，戰死和溺水而死者兩萬人，投降者七千人，陳軍敗退返回江西，自此一蹶不振。朱元璋戰後巡視戰場，見此山如同一隻雄偉的獅子，乃賜名獅子山，同時也有了建閱江樓的構思。

可是從洪武七年（公元一三七四年）寫「閱江樓記」，到洪武三十一年朱元璋駕崩，閱江樓始終未曾動工，這二十多年裡，他似乎把閱江樓忘記了，「閱江樓記」中朱元璋寫道：「今樓成矣！碧瓦朱楹，檐牙摩空而入霧，朱簾風飛而霞卷，彤扉開而彩盈。」多美的一座樓，而且擺明是已經完工了，誰會想到這竟是皇帝的空話。樓未建的原因，又何以推論與太子朱標有關？

朱標是朱元璋的長子，為了皇位順利繼承，朱元璋很早就讓他參與政事，籌建閱江樓時，太子很不以為然，他認為：南京的城牆，未能把紫金山包進城內，對做為國家都城的金陵，已經構成威脅，如果有敵軍覬覦，在紫金山上架起大砲，則金陵不攻自亂，獅子山瀕臨長江，也是敵人進攻的目標，只宜在山頂設寨，不宜建樓做為遊樂賞景之用。

這樣的說法雖然掃興，卻不無道理，也許便因此擱下建樓的工程。洪武二十四年，朱標自陝西視察回京，不幸一病身亡，朱元璋悲慟萬分，加上宋濂已在洪武十三年去世，皇帝再也提不起建樓的興致了，因此便只留下兩篇有名無實的「閱江樓記」。

南京新建閱江樓，一方面在彌補這個「有記無樓」的缺憾，另一方面則是獅子山的位置實在太好，不加以利用委實可惜。遠在清乾隆年間，有所謂「金陵四十八景」，其中「獅嶺雄觀」便是獅子山，只是獅子山上光禿禿的，一無所有，缺少吸引力，建一座古色古香的樓閣正可以招徠遊客。一九九九年二月，閱江樓工程正式動工，歷時三十個月，於二〇〇一年九月十八日竣工並試行開放。

獅子山緊挨長江大橋南引道，和繡球山、四望山、象山、老虎山、幕府山等蜿蜒連接，西瀕萬里長江，仰視為山，俯瞰是水，樓高五十一公尺，呈L型，主樓朝北，翼樓朝西，兩樓均可觀覽長江風光，樓高四層，實為暗三層的建築，屋頂犬牙交錯、高低起伏，形成跌宕多變的優美輪廓；屋面由黃色琉璃瓦覆蓋，鑲有綠色緣邊，檐下則斗拱、廊柱、門窗彩繪各異，顯得絢麗而輝煌。登樓漫步，極目遠眺，朱元璋的「閱江樓之夢」馬上實現了，他曾這樣寫道：「神馳四極，無所不覽，金陵古跡，一目盈懷。」俯視山下的長江，則「華夷舸艦泊者檣林，上下者如織梭之迷江。」時至今日，又加上了長江大橋，彩虹飛架，巨輪穿梭，遠遠超過朱元璋的夢想。

閱江樓甚至有條件成為四大名樓的首席，原因是：

其一，江南諸樓都是貼水而建，黃鶴樓建於黃鵠磯，但偏促於水之濱，岳陽樓更是如此，獨有閱江樓拔地而起，高聳於山頂上，氣勢非凡，其他三樓均無此優勢。

其二，南京是華東重鎮，交通便利，且風景名勝極多，添一新的景點，足可以吸引更多的遊客；而以南京觀光資源之豐沛，亦有助閱江樓更快打出聲名，正可收相輔相成之效。

當然，只是此一山一樓，景色不免單調了些，所以南京市政當局有必要進一步整修鄰近的將軍廟、阮咸亭、李時珍採藥處等古跡，利用獅子山三面環水的特點，配合古城牆和護城河，使之成為山、水、城、林一體的名勝。

如今登上獅子山，首先看到的是一尊巨型銅像，朱元璋和他彪悍的戰馬，雄糾糾地站立在高崗上，這位一代開國帝王一定想不到，他一個未竟的夢想，在歷經六百二十七載滄桑之後，終於由後人幫他實現了。

故都拾粹

李書錚

籍貫山東，成長於濟南。一九四九年夏隨震華文學院師生自故里輾轉來台，投入青年工作行列，負責高雄縣市救國團團務。六十八年受聘籌備中正文化中心，落成後任副處長。寄旅高市半世紀，服務地方五十載，回首前塵，青春沒有留白，喜愛文藝與音樂。生活充實而不孤寂。

去歲（二〇〇〇年）十月，受邀訪問大陸，此行定名「故都知性之旅」。

首途北京

這帝王金粉耀眼的故都，已是第三次造訪。皇城、天壇、長城、琉璃廠、蘆溝橋、北海、煤山，都留下足痕，低迴於歷史的長河。此次計畫一償心儀久久的西山紅葉。

深秋的西山，紅葉紅幾許？登西山現有纜車直達山頂，但經詢問纜車形式，我這古稀之人不適乘坐，只好改乘出租的吉普車。石子路相當不平坦，諒是新闢的車路，巔簸不已且全是上坡。到了山頂一塊平地，已有不少遊人，尚有賣水果小販。

放眼四周，群山環繞，山上紅葉僅一半泛紅，再晚上半月，才會楓葉深紅滿西山，該是我兒時所讀到的西山紅葉勝景也！

日本北海道的楓葉，我也因西山紅葉的移情作用，去觀賞過。車行在西山之間，山上一片片，紅黃綠間隔排列著，遠望去，宛如一大塊拼花地毯，煞是悅目。山路落滿紅葉，車行其上沙沙作響，別有一番情趣。半紅的西山，已了我一生心願。

下山後，特別到國際知名建築大師貝聿銘先生設計的「香山飯店」用餐，造型特殊的飯店，看來有些美人遲暮風華褪去之感。想當年應是別有一番亮麗豐采。

告別西山，直奔頤和園昆明湖。

登上湖中畫舫，盪過湖心，停靠石舫碼頭，石舫上能扶欄觀賞，不可登臨。佇望良久，想當年不知動用多少工匠才能鑿成？慈禧老佛爺可曾登上此舫？再登畫舫，上岸步行至十七孔橋，倚橋欄放眼湖岸，垂楊一旁綠蔭，蔭下石欄護岸，岸上遊人如織，不失幽靜，確是一處好園景。當年老佛爺，私慾害國，挪用海軍軍費，打造頤和園，致使無力退敵，國運玷危，百年苦難的始作俑者。後世有此休閒好去處，在國人心中，實無法諒宥其罪。

翌日，參觀設計新穎，又具現代化，內容充實的「中國現代文學館」，落成甫數月，收藏有廿世紀以來，海內外及台灣華人作家的作品有關資料，共三十多萬卷，稱得上中國文藝界一大成就，吾等一行先睹為快，一大樂事。

西行第二站開封

此地為中國歷史上六大古都之一，著名的「清明上河圖」畫卷，即是描繪北宋年間，開封城的盛況。開封府，因家喻戶曉的清正官吏包青天，更是赫赫有名。

一到包公祠，果然氣勢雄偉，一對石獅雄蹲左右，經金、元、明、清到一九八四年三月。歷三年餘到一九八七年九月，始重修完竣。

祠內分大殿、二殿、東西配殿、半壁廊及碑亭。大殿上包公坐姿的塑像，身著蟒袍，散發凜然正氣，令人敬懾。龍、虎、狗三個銅鑄，陳列於配殿，另尚有包公的歷史文物、典籍，及包氏家譜等。

少林寺名剎

少林寺建在五嶽之一的嵩山，於公元四九五年魏孝文帝大和十九年，為安置印度高僧跋陀和尚而興建。少林寺大門正中央，橫懸一塊清康熙皇帝御題的，黑底金字「少林寺」匾額，匾額正中並刻有「康熙御筆之寶」六個字印璽。少林寺在國人心目中，一直誠敬的認為：它是佛教禪宗聖地；少林弟子更是拳腳英武，忠膽俠腸。少林和尚每日除誦經禮佛，更是勤練一百八十式之少林武功，獨領風騷於武林天下。

今個兒進入少林寺內，一片靜謐。少林寺內的暮鼓晨鐘，七十年前被毀，一九九四年才重建，晨昏鼓鐘之聲，會響徹中原大地，有醒世之大用。回程上少林寺武功情景重現，鎮上延著路邊，不遠即有一處青少年百人的陣式，聚精會神的比畫拳腳，且呼聲陣陣，場地上虎虎生風的英姿，一路看來十數家，當地人稱它為武術學校。據說約有兩萬學生，它已成了青少年個人謀生的少林功夫族群，主事者月入百萬者有，鎮人以＊百萬稱之。學生出路甚廣，例如香港保警，遠道到此求才，此一現象，絕非當年少林寺高僧所能想像。當年的少林寺僧徒，為當時的帝王所倚重，也為朝廷效力立功不少。

到少林寺遊客，必會走訪寺之近郊，乳峰山坡上密密層層的寶塔林，此即中國境內最大最古的塔林。踏進塔林，無垠古塔，座座拔地而起，有高有低；有石造的；有磚造的；有正方形；有長方形；有六角形、八角形、圓形、椎形、喇叭形……使人看得眼花撩亂，神馳魂迷，故也稱為「迷魂塔」。

塔林佔地兩萬一千多平方米，究有多少座？歷代無法數清，數塔的故事，各朝均有，但無確切數字，自唐朝開始，經北宋、金、元、明、清，直到今天公開資料，指稱兩百五拾五座。塔在印度叫「塔婆」，所謂之墳墓，塔林即為歷代和尚的墓塔群，造塔的條件，是根據僧人，個人在世時，在佛教中的地位？佛學之修養？子徒多少？威望如何？經濟狀況等，決定為其造塔的級層，高低和大小。原則上是一個和尚一座塔，安放其骨灰。有例外的，將其骨灰分做若干份，分別在其生活過的地方造塔。

走出塔林，回想起巍巍壯哉的景象，不由地懷念起當年少林僧侶，代代英豪，為國家社會的犧牲奉獻。

洛陽為九朝古都，洛陽牡丹甲天下，我等到時，節令不對，未能目睹牡丹盛開的花市，近年洛陽人士已研發了綠牡丹，令人心動。雖然不能親炙其風采，知當地名畫家李松武先生，畫室中，有綠牡丹大作，能收藏名家作品，聊為彌補錯過花市之憾。在大師畫室購綠牡丹一幅，欣喜不已。

西行第三站西安

西安在行程中，也頗引人嚮往，古之長安城，有十一個朝代建都於此，使西安輝煌耀史的則在秦朝。

西安城完整的屹立在大地，大伙連袂登上城頂，城牆平坦寬廣，倚在牆垛上，放眼城下，人車匆忙於市，神馳往昔長安的盛景，能不發思古之幽情，傲然中華的歷史悠久。

華清池在西安，也是重要景點，長恨歌中的春寒賜浴華清池——唐明皇與楊貴妃，千古流傳的豔麗悽愴的故事。今日看來，不怎麼起眼的水池一方而已！

秦始皇陵的地理位置，在臨潼縣東五公里的下河村附近。

震驚世界的兵馬俑，我們目睹了它的偉大！秦始皇的陵園歷時三十九年，未完成前秦王已歸天，由秦二世胡亥接著修了兩年才完工。

一九七四年三月，臨潼縣晏寨公社下河大隊西陽生產隊，因打八口井，打到第五口，挖出一個武士陶，後經陝西文物考古工作者組成「秦始皇陵秦俑坑考古發掘隊」，經過一年的時間，震驚全世界的秦俑坑出現世人面前。被稱為「世界八大奇景」之一，聯合國教科文組織，將之列為「世界文化遺產」。

為便於展覽及供人參觀，在兵馬俑原址一號坑，建有兵馬俑博物館，用鐵架鋼骨橫空撐起，中無立柱，方便觀光客一覽無遺。一號坑內置有同真人真馬大小相同的陶俑陶馬六千多個，長方形軍陣，陣容莊嚴威武。兵馬俑造型逼真，神態各異，栩栩如生，表現了兩千年前，中國人的聰明才智和精湛的技藝。我們也參觀了一九八零年出土的兵器和馬車，我們中國冶金技術在當時已具很高的水準。

此行收穫頗豐，名副其實的「知性之旅」！

鍾岱

字玉龍，一九三五年出生於湖南長沙，就讀隱儲中學。乃時事遽變、中原板蕩、輟學流亡越南，民國四十二年回臺。考取陸軍官校專科三期步、三軍大學海參學院陸戰六一年班，歷排、連、營、團長。退役後任職編輯、秘書。著作有「中國劫與結」、「孤軍苦旅」，興趣寫畫及運動、閒時詩詞欣賞。

生命的呼喚

生命會給你所需要的東西，
只要你不斷的向它要，
只要在你要的時候講得清楚。

——愛因斯坦

人的生命和宇宙一樣，都非平鋪無痕的，日有昇落，月有盈虧，天有陰晴，花有開落，潮汐更有漲退，人生的旅程，是一連串的奮鬥紀錄。生命是錯綜且複雜的，我們會以為它會像雲彩那麼單純、無慮，不盡然，我們所肯定的事實，也許就是否定的答案。總以為贏得了別人的讚賞及鼓掌，或者認為事情會依自己的想法而順理成章，更不盡然。其實只要一步一腳印地，勇敢的接受痛苦和委屈的試煉，成功之路和果實，都隨時等你去履踏和摘取。人生在世的一切喜、怒、哀、樂，逕在風雨中成長茁壯，忽而渺小或偉大，生存或殞逝，抑許就在一瞬間；或是附在一個醜陋又骯髒的齒輪滑槽裏。在不同的環境，造就不同的生命個體，對於宇宙的適應力，就截然不同了。人生是一個奧秘，必須自己親自去活動，才能體驗其豐富內涵。然而，生命——今天的淚水，若能換得明天的笑容，今天淚水便沒有白流。今天的痛苦，能換得明天的歡笑，便該勇敢地去承擔。若是喜愛生命，就不可浪費時間，生命像小說，不在長而在優。生命的價值不在其結果，而在其歷練豐盈的過程。顯然、生命的源泉動力，使我們有足夠的能力站在生命的現在，並肯定自己所有的過去成就，皆是我現在活著的支柱。

誠如生命生活在大自然的領城裏，將焦點放回內心深邃，心中有了主宰，即可尋找及追求目標，隨時抓住機遇及靈感：我活在世界上——我是誰？我在做什麼？這樣做對與不對？為什麼？這個答案，透過思維力每個人都可以做得到的。允許自己生命自強不息地活下去，是生命健康潛力及創造力；讓生命生生不息的創造，背後的動力即是愛的原創性，生命透過愛，有積極的無窮發展，以一個自然的人，是肯定自己的人，不外貸，不向生命的銀行借款，就是生命的自我。然而，生命的苦楚，那種看不見摸不著的陰影，縈繞著長久無法解脫的困惑，人生像一場無法逃避的考試，每個人面對的題目都大同小異，但是大家不可能互相抄襲答案，只能互相參考解法，因為人生試題根本沒有標準答案，這並不表示人生可以不必分辨善惡是非，更不表示人生只是「南柯一夢」。人生是多采多姿的，生活飛揚自在，不然，生命就要變成了泡沫，毫無意識。所以平凡的人，用以平常的心，能忍一時風平浪靜，讓三分海闊天空，處事讓一著、待人寬一分，退步即進步之本，利人即利己之基。

確然，我們要相信自己生命，我們的心意不要被外力吸引，抑或任何力量所支配，自己的主張及意志力，切勿隨意改弦更張，而削掉了自己的優勢，針對著這點玄妙，啟發自己智能閘門，使其順著自然成長。如此，循序漸進，生命就非常簡單，那麼我們放矢出去的，轉眼間就會把它收回來。我們認為自己好；自己就會更好。認為自己壞；自己就會更壞。我們所思所想的「因」，就是創造將來的「果」。所以我們生命的痛苦和愉快，都全然由自己造成的，我們絕對不可把自己製造出來壞的事情，將責任推給別人，埋怨他人，那是最不理性及沒頭腦的，我們應該瞭解，如果有錯，錯在我們自己；爭贏的——贏得日後的苦惱，讓人的——自得喜悅的快樂。因為，我們的人生中帶有很多的苦痛和缺陷，所以人不只是命運的承受，更是要有生命的開創與超越。但是，凡事必須審慎思考，放下我們不必要的執著，以真知灼見，啟動自己內在的智慧，這樣對於無法解決的習題，自然而然迎刃而解，擺脫心靈的阻礙，生命在自己光環中放出璀燦的希望，凝聚在自己的生活裏，讓我們的生命潛力，從此變得更加充實及愉快，展現出一股健康的活力。

生命，生命：一個人要得到快樂的生命，就是先要有快樂的思想。要有一個旺盛的生命，就先要有旺盛的思想。要有一個充滿慈愛的生命；就先要有充滿慈愛的思想。人的思想，領導行為，種什麼「因」，待緣成熟，就得什麼「果」。我們的生命最重要的力量焦點，始終集中在「當下」，我們眼前的每一分鐘，每一秒鐘，都不可能永遠停滯不變。所以「當下」我們就可以立即改變心意，即使原來所有問題，都可以從根本處清除它，而不再是以後的現實，只要我們願意，一定可以做到。記著在我們心中，能思想是我們自己，在我們的心靈裏，自己才是真正的力量，而生命際遇是自己製造的，我們站在永恒的生命中，我們現在的選擇，在適當的地方，把握適當的時候，做出適當的事情，依著這種邏輯方式，來改造自己的生命。假使自己都不能為自己改變，那別人又怎能為你改變呢？當然，改變自己是一件不容易的事，但也不至於毫無辦法，我們只要能從自己內在做起，先改變我們的舊思想，再改變我們對人說話的態度，自然，外面的境遇，也就改變了。改變思想，改變說話態度，就能改變生命，使一切變得更好，說起來容易，做起來卻往往並不容易。因為，每個人停滯、遲疑，都有他的頑固性——或多或少，也有毅力問題，能堅持與不能堅持。如果弄懂弄清楚了，以寬闊的胸懷，以理性意願改變，就可以消除所有的抗拒力。因之，我們和所有東西都發生密切的互動關係，而生命中最重要的，也就是這種人際的依存互動。然而，唯我們的視線無限，但能超越水平線的有限。

猛然，睜開眼睛愛慾情仇，同一樣的迷迷濛濛，內心激盪的感觸，竟是過眼雲煙的往日情懷，人就是這麼一輩子，剛起步便一下子就到達終點，今天過去，明天還不知道屬於自己，此刻過去便再也追不回來的，白了髮便再難黑起來，脫了牙便再難生出來，錯了事便已經錯了，傷了心再難康復，一個不容我們從頭再活一次，即使再往回過一天，過一分，過一秒，想到這兒，我便不得不隨東坡而歎：「寄蜉蝣於天地，渺滄海之一粟。」我便不得不隨陳子昂而哭：「前不見古人，後不見來者；念天地之悠悠，獨愴然而涕下。」所以我常對自己說：生命的開創與超越，人就是這麼一輩子，自己要能積極的把握它，也可以淡然的面對它。至於勞苦愁煩，恩恩怨怨，儘其可能溶解消受，就煙消雲散了。若是如此的瞭解，那麼恬淡，那麼自然，那就沒有什麼計較與比較了。因為，人生本來就是不完美的，太陽底下沒有十全十美的東西，在生命的過程中，有血有淚，有悲憤、有絕望，只要想盡辦法熬過去，生命才能綿延的走下去。

時間匆匆，我不知道他們給了我多少日子，但我的手確乎漸漸空虛了。在默默裏算著，千萬個日子已經從手中溜去，像針尖上一滴滴水滴在大海裏，我的日子滴在時間的流水裏，沒有聲音，也沒有影子，我不禁汗涔涔淚潸潸了。去的儘管去了，來的儘管來著，去來的中間，又怎麼的匆匆呢？晨曦的太陽，漸漸昇起，太陽它有腳啊！輕輕悄悄的挪移了，我也茫茫然跟著旋轉——於是，我察覺時間來去匆匆了，我伸手遮挽太陽光時，它要從遮挽著手邊過去，天黑了，這算又溜走了一日，我掩著面嘆息！但是，新來的日子影兒又開始在嘆息裏閃過了。花謝又會開，夕陽西下又會日升，蒼穹的雲朵，永遠不停的飄著，這種種皆代表了生命的過程，切勿懷疑它的存在，抱著一股追求的熱勁，也許將尋到什麼？也許將失落些什麼？人生——本來就是追求，沒有什麼奇怪的嗎？不過是應該的；人生的一切痛苦，因有「希望」而消失。祇要向前走，無窮的生命力量，永不匱乏。

環翠樓詩選注序

曾人口

字啓修，一九三七年生於雲林縣。專科學校畢業。性好學，擅書法。詩不分新舊均喜試作。曾任主計、記者、廠長、木材商、高職及專科學校兼任教師等。現執教於社區大學及佛教學院。獲教育部及高雄市文藝創作佳作獎。

中國的詩歌，從詩經以來，已演變了二千餘年。在發展的過程中，歷代的作品均有其特色。這些作品的形式或許有某些變動，但它的組成，並不離開詞彙的簡潔，音調的鏗鏘，用典的貼切，鍛字的精當。而從這上面生出幽深，超逸的風致；構成美妙、雋永的情趣。因此許多人，認為詩的妙處，在於可解不可解之間，於是：「作詩難，說詩難，選詩難，註詩更難。」便被一般論詩者所默認了。

我們知道，詩不能無端妄作。必是眼睛所看，耳朵所聽，於心中有所感觸，經過醞釀才能成為詩。孟子說：「誦其書，不知其人可乎！」其實誦其書，要知其人，並不容易。因為作者和讀者，所處的往往是不同的時空，更何況作者的性情和所經歷的生活環境，所讀過的書，都會影響作品運用的語言、人物和典故。因此註詩者首要的工作是先了解作者，知道作者讀過的書、人生觀、思想、社會背景、遊歷和創作的動機，可知註詩是一種相當艱鉅的工作。

詩人以專業傳世，自魏晉以來就很流行。現在的人能讀懂古人的作品，似乎全賴注者將原作中的奇詞奧旨，加以詳釋，才能使深蘊的意涵顯露出來。但注詩者之能嘉惠後人，卻要經過日積月累的勤苦，秉持著詳事不詳義、徵古不徵今、期當不期濫、取信不取疑的原則，務使達到理煥詞明的地步。如錢謙益注〈杜詩錢註〉，先是取了他人有紕繆的舊注，加以繩削，由朱長孺補注，再由他的族孫接手完成。楊倫注〈杜詩鏡銓〉，曾經過二十餘年的爬羅剔抉。仇兆鰲注〈杜詩詳注〉，是利用當翰林院編修的機會，不知動員了多少人，參考了多少舊注才竟其功。趙松谷注〈王右丞集箋注〉，也是由兒子幫忙，經過了十幾年的修飾才付印。曾明注〈溫飛卿集箋注〉，是由顧予咸、顧嗣立父子的補續注才完事。福建、臺灣前輩詩人頗喜歡讀的黃莘田〈秋江集詳注〉，先經生於同時期的王元麟帶著兒子和生徒，花了十餘年的歲月才注好。近代梁啟超最傾倒的黃公度〈人境廬詩草箋注〉，由錢萼孫用去大半生的光陰，並經多位名家印證才刊印。我們今天能花很少的時日，就能一目瞭然，欣賞前列詩人的作品，就不得不歸功佩服注者所投入的心血。

獎卿，是故王公天賞前輩的字號，與其說他是近代臺灣的名人，倒不如說是奇人。他出生在受教育不平等的日據時代，但能抱志上進，游學國內外，不但能適應環境，且能創造環境，集教育家、銀行家、詩人於一身。他的人生觀和思想，，主要來自儒家的修齊治平和三不朽，平生以立功、立德、立言為追求的目標，雖忙於事業卻不忘弘揚詩教。詩作成集刊行的有：〈劫餘拾遺集〉、〈幽窗吟草〉、〈環翠樓詩草前續集〉。老人家曾說：「人生在喜怒好惡之中，不能出於言，獲已而形之於詩。……在精神生活上，詩詞歌賦，其亦不可缺者乎……予愚鈍古樸，作詩如人，無機巧，拙於敷衍鋪張，不愛無病呻吟……但逢擊鉢時，不是出於心聲之作亦有，實境地使然也。……予以困苦缺乏之身，致力於家庭、社會、事業、奔走於政治文教，生活波瀾重疊，風塵僕僕，每苦時間不足……篇什中甚多擊鉢之吟本當割愛，第念雪泥鴻爪之跡，而未忍刪除……。」從上面一段話，我們不難知道奬老詩如其人，重自然，不無病呻吟。但在限時、限地、限題、限體、限韻的情形下所作成的「擊鉢詩」，其間有些詩自然是因境地使然，只是留存下來當紀念而已。

古典詩難懂是現在青年一致的看法，其實古典詩的晦澀不在於形式或聲韻，而所運用的詞彙、典故，其意蘊常隱晦不明，若不知出處便難解其意，使讀者望之卻步，興趣大減，對詩學的推行不無窒礙。永達工商專校，一群熱心於詩學的國文教師，有鑑於此，為方便青年讀者充分了解奬老創作的用心，拉近作者和讀者的距離，成立「環翠樓詩選注」執行小組，從遺詩中，抽精啜髓，將較不容易看懂的詞彙、人物、典故加予注釋，說明出處，但不作全首詩的語體翻譯，這種注釋原則至為明智，因為詩和其他文學作品不同，它以情趣為主，情趣見於聲音，寓於意象，如果通首詩翻成白話，很容易損傷原作的生命和那種不可捕捉的風韻。唐朝張籍的〈節婦吟〉，胡適曾把它譯成白話，但似乎失掉了原詩的情趣和精神。

這次選注小組，孜孜矻矻，深入探討，作有系統的研究。諸如作者的生活、思想、家人、親友、事功，以及山水的臨眺，騷壇的唱酬，選注本似都已涵蓋，更能保持真實，不妄加渲染，不憑空臆度，窮源溯本，顯隱闡幽，務使微言奧義，彰明昭朗，如原集中偶有錯簡，或懸疑的地方，必予指出，以嚴謹的態度，勤加注釋，使作品在展讀中能理到詞達，使詩人真性、真情充分流露。

樊老有一首〈自題小照〉的詩頗令人喜愛，詩曰：「不是魁梧偉丈夫，英雄自古有侏儒。一腔熱血恒憂世，滿腹精神慣讀書。勁節應宜松竹友，風流夙愛水雲居。蒼生霖雨關心甚，業業兢兢好勗余。」從這首詩中可看出老人家幽默豁達的心境躍然紙上。林語堂說：「豁達的人生觀，率直無偽的態度，加上爐火純青的心情，再以輕鬆愉快的方式表達出自己的意見」就是幽默。豁達也就是事物看得開。其實老人家個子雖然不高，但還算是中等身材，而且面目清秀，望之溫文儒雅。他竟將自己調侃一番，因為侏儒本是樑上短柱，但自有其功能，何況歷史上許多成功的英雄人物，倭小的人多得很呢！這首詩的風格如細加吟味，便可品嘗到老人家「鼎中的一臠」了。老人雖是一位傑出的人物，但在奮鬥的過程中，不論面對何種困阨艱辛都能從容越過，這就不能不說與他開朗豁達的人生態度有關了。為學莫急於明理，明理莫大於維倫。士君子處世在千秋不在一日，老人家以溫柔敦厚的詩教，應用於家庭，子女業有所成，秉承遺志，守獨善兼善的分際，前後輝映，在今日社會已難多得。

近年來，研讀古詩的風氣，日趨濃厚，委實是一種可喜的現象，只是近人的詩作有箋注的為數不多，〈環翠樓詩選注〉的刊行，是臺灣詩壇一大盛事，對有心學詩的同好，必有助益，對激發末世人心，亦可謂意義深長。

沈　立

一九四一年生，湘籍，軍校畢，方自公職退休。現爲高市文協理事，在高雄電台主持「老歌」節目及屏東社大擔任講師。鍾情歌詞寫作，作品「杜鵑紅」、「好久不見」、「船過水無痕」、「一夜間我已長大」，橫跨流行與藝術歌曲間，得獎甚豐。

李子

公司今天午餐的水果是一顆美國加州李，挺大的個兒，略有些軟了。深喜那紫得發亮的顏色，沒捨得把它吃了，擱在桌子上，不時捏它幾下，揉它幾下，想把它弄軟了，捎去給我那痴呆又沒了牙齒的老媽吃，當然希望是越軟越好囉！

好心又福態的林純姐，看我在那兒揉捏，一聲不響地上樓去，拿了幾個極軟且熟的下來，說沒人愛吃那麼軟的李子，祇合給我老媽吃。我知道她的好意，卻沒能說出那一個「謝」字，很多事懂得就好，那是咱的交情，是用錢買不到的蕙質蘭心。

於是，記起當年在湖南株州外婆家的「白果屋場」，屋後那大片果園裡，有桃有李，總在暑假裡全都熟了。媽媽看我們兄弟閒著無聊，提著籃框，帶我們去果園採摘。像是踏青郊遊，也像豐年收成，真是教人興奮，歡樂的感覺一連延續好多天。

摘回的桃李，把漂亮好吃的挑出來，分成幾堆；姥姥（外婆）要長工老夏分別送到隔壁的蔡家，對面的王家，還有山坳裡的叔外公家。不管去送誰，我都要跟著去，因為喜歡看到他們收到時的喜悅。那種鄉間純樸濃郁的人情，那種憨厚爽朗的笑語，是童稚心靈裡極為豐富的素材。一張張愉悅又靦腆的笑臉至今猶在回憶中，心裡有著無比的快樂。

媽媽因為長年在外讀書、教書，家境也小康，回娘家終是大小姐一個，外公姥姥疼得緊，家事是一點都不會做；但是教梅嫂熬李子醬的情形，我倒是記得一清二楚。

那天剩下的桃子祇夠家人吃的；李子卻還有一大堆，媽媽要梅嫂用一大木盆清水浸泡一陣，然後搓洗乾淨，燒一鍋開水把皮給燙去，再放水在鍋中把李肉煮軟，用鏟子不停搗得爛爛的，挾出一顆顆李子核兒，加了好多糖，熬成了一鍋紅豔的李子醬，待涼透用不同的玻璃瓶裝起來，又好看又好吃！

李子核兒裝在盤子裡，我們三兄弟可樂著了，用小湯匙把核兒放在嘴裡，一顆一顆吸吮著果肉汁，再把核兒吐掉。三個小人像在比賽似的，好玩得很。媽媽怕三弟連核兒吸到氣管裡去，不准他吸，急得他大哭。姥姥最疼老三，用小碗盛一碗果醬給他慢慢吃，把他樂歪了。

後來我們吃餅干、麵包、饅頭，都有可口的果醬來配，真的好棒。娭娭說從不知媽媽有這種本事，媽也一直得意得很呢！原來那是在重慶歌樂山（我出生的地方），由蔣夫人主持的育幼院裡，和同事們研發出來給院童做點心的方法。

卅七年來到台灣，住在左營桃子園眷村，媽可是從頭開始學做家事的。用煤炭煮飯，好不容易才生著了火，飯總煮得半生不熟，菜的鹹淡就更不用說了。隔壁的媽媽們，看媽媽每天灰頭土臉的，分頭跑來幫忙，過了總有個把月這種日子，才慢慢可以吃到媽媽獨自做得不怎麼可口的飯菜，我們也就這樣被拉拔大了。

有天下午，天好熱，一個挑著一擔李子叫賣的小販經過窗外，媽媽不諳台語，仍比手畫腳地討價還價，買下了整擔李子。花了一下午的工夫，熬出大大小小十來瓶果醬，叫我們兄弟挨著一家一家去送。全村的媽媽們，都驚奇於媽媽怎麼忽然變得那麼能幹了！我和弟弟也都覺得驕傲起來。

林純姐給的那幾顆李子，竟掏起了這麼多的兒時記憶，倒還真是功德一樁，教人感激呢！

回家把李子皮給撕了，核兒去了，搗成一杯像極果醬的果泥，加兩匙楓糖，晚上去到安養中心，一口一口餵給老媽。老太太吃得舒坦得很，不時眉開眼笑，這可是從癡呆以來，這兩、三年都沒看過的表情。不知道是否也像我一樣，記起了一連串的陳年往事？

如果記起來了，說一些給我聽聽吧！因為當時自己太小，好多事都組織不起來，斷斷續續，鳳毛麟角。弟妹們想知道些舊事，我總是說不周全。除了老媽，誰還能幫我整理這思緒？除了老媽，誰能引領我一個那麼豐盛的童年？

王昭慶

筆名高雄客，南京市人，一九四二年生於重慶。中正理工學院化工系畢業。喜愛游泳、旅遊、寫作、讀書與做志工，作品散見各大報。曾獲國軍文藝金像獎、音樂類作詞金像獎、高雄市國語文競賽社會組作文第一名等。著有「溫馨集」。

國際護理學會年會記事

安徒生童話中「美人魚」淒豔感人的故事，一直牽動著我的心，而欲拜訪童話王國——哥本哈根的願望，總算在今年的六月八日，隨著中華民國護理學會參加在丹麥首都哥本哈根舉行的第二十二屆國際護理學會大會而實現。

中華民國護理學會為了參加此次盛會，共派出了一百四十人的代表團，陣容可謂空前浩大。這個代表團涵蓋了全臺灣的北中南護理學界菁英，共分成A、B、C三個團，A團是工作及觀摩人員、B團是純開會者、C團則是包含家屬，開完會後繼續留在北歐旅遊的團。由於人數眾多，也驚動了我國駐丹麥代表處的人員，顧富章大使及所有館員，甚至於連在哥本哈根只有二百多位的僑胞，也都派出代表來接機・場面十分感人。

筆者有幸參加此次大會，實因內子是護理教師，也要在會場張貼論文海報，而得以目睹開會的盛況。這次會議，是筆者有生以來所見，臺灣各界派赴國外參加國際性學術會議，人數最多，陣容也最堅強的隊伍。護理學會除了派出陽明大學護理學院院長余玉眉教授競選國際護理學會之理事外，並印製了設計精美，內容豐富且具可看性的DM，在會場散發，以為公元二〇〇五年在臺灣舉行的第二十三屆國際護理大會做宣傳。

我們三個團在六月九日抵達哥城後，隨即搭乘遊覽車赴海岸參觀嚮往已久的美人魚公主銅像，這是為迷戀王子的人魚故事而雕塑，為了能和人類一般有雙腳行走的自由，她用舌頭換取了雙腳，但因此失去了傾訴愛惜的說話能力，讓王子別有所戀，她欲訴無言，空留無限惆悵，看美人魚坐在浪濤拍打的岩石上，眼神充滿哀怨憂傷，一副楚楚動人，我見猶憐的狀況，其令人同情，不覺想到安徒生這隻筆，不知賺取了多少人的眼淚？接著我們去參觀卡菲因噴泉，這噴水池因耗水量太大，已經不再噴水，卡菲因是北歐神話中強有力的女神，傳說中，她被授與在一天內耕完所有土地的使命後，便將四個兒子變成四頭公牛，把西蘭島所有的土地一夕之間耕好，這個島也就因此落入卡菲因的手中。

六月九日晚上，我駐丹麥代表處，由顧大使夫婦出面，在一處公園內，一家叫做「龍」的中國飯店，宴請所有團員，包括使館工作人員、僑胞代表等擠滿了整個餐廳，據稱，這是哥本哈根許多年來所罕見。大使館特別安排每桌坐一位僑胞，與大家閒話家常，顧大使幽默風趣的談話，而團員們與僑胞、館員也熱情交談，當場並有唱歌助興，一曲「高山青」，激起全場的回響，氣氛熱烈溫馨感人，餐廳老闆在高興之餘，也贈送了幾個菜及水果，讓人甚感窩心，真是天涯若比鄰，海外存知己呀！

六月十日晚七時，大會在哥本哈根的FORUM會議中心舉行開幕式，由於我們是有備而來，每個人手上都有一面小國旗，當司儀叫到ROC、TAIWAN時，隨著中華民國護理學會理事長及會旗的進場，我團所有團員立刻起立歡呼，並揮舞著國旗，吶喊聲及旗海撼動了整個會場，只見閃光燈及掌聲不斷，使筆者見識到我國護理人員的傑出表現，也以做為「護理之友」為榮。

六月十一日，學術研討會及各國護理學會在會場設置的攤位，也正式登場只見白衣天使們，忙著專題演講、張貼論文海報及在攤位中替來賓服務，中華民國所設的攤位最大，且是在會場入口處，飄揚著的國旗十分醒目，丹麥代表處顧大使夫婦帶領全體館員來支援，現場不但有古箏演奏，更有僑界名書畫家黃強先生揮毫送給貴賓，最有意義的是，由護理人員將外賓的姓名翻譯成中文請黃強先生題在書畫上，頗為別緻，深受大家歡迎，只見我國攤位大排長龍，造成整個會場轟動，可以說替國家做了一次最成功的國民外交工作。

以後連續幾天，直到六月十四日，只見我國的許多護理人員都熱心的忙著散發文宣、替余玉眉教授助選，接受來賓詢問、吸收新知、觀摩丹麥辦理此次會議的優缺點等等，可謂成果豐碩，不虛此行。

六月十四日下午三點，大會舉行閉幕典禮，我國歡迎各國貴賓參加在台灣舉行的公元二００五年第二十三屆國際護理學會大會錄影帶，也在會場播放，內容除介紹我國護理現況、台灣風光外，並有陳總統及台北市長馬英九的致歡迎詞，整部片大約有十多分鐘，受到在座人員熱烈掌聲。最令人興奮的是，大會傳來消息，余玉眉教授高票當選理事，並被推舉為副理事長，這不但肯定余教授個人對國際護理的貢獻，同時也肯定了台灣所有護理人員的成就。

大會在晚間安排所有與會人員及家屬，前往丹麥有名的提弗利（Ｔｉｖｏｌｉ公園遊玩，這是完全按照安徒生童話故事中所描寫的童話世界而設計，建於西元一八四三年，佈置富麗堂皇，燈光美侖美奂，裡面有咖啡座、音樂廳、噴水池、表演台，仙女、巫婆．飛車、海盜、美人魚。醜小鴨、夜鶯、遊樂場、自由落體、安徒生及美人魚銅像、羅丹的沉思者等。相當吸引人。已經有二億七千萬遊客參觀過此園，園內以一一０七一八個燈泡作為裝飾，不但擁有自己的交響樂團，而且只有現場表演，不播錄音帶，頗具特色。

結束提弗利公園的參觀行程，丹麥開會活動也告一段落。A團與B團的人，在六月十五日，開始打道同府。而我們C團的八十多人，則搭乘皇冠號豪華遊輪前往挪威奧斯陸，在離開哥本哈根港口時，顧大使夫婦、代表處人員及僑胞代表，均來送行，僑胞們並拉了一面上面頭寫著「祝賀中華民國護理學會參加丹麥國際大會載譽回國」的紅布條，與大家合影留念，老僑胞們的熱情，叫人永難忘懷。團員們在依依不捨之餘，許多人將手提袋內之泡麵、魷魚絲、餅乾、糖果等分送給他們，看到這種感人場面，我也不覺流下了淚水。畢竟，天下沒有不散的筵席，在船鳴聲中，我們揮別了哥本哈根，繼續未完的旅程。

王蜀桂

一九四七年生，著有《敲響生活旋律》、《熱情有勁台灣人》、《讓我們說母語》、《袁國柱神父傳》、《台灣檳榔四季青》等，曾獲高雄市文藝獎、聯合報報導文學獎。

北花蓮的送餐天使

廿一世紀的台灣，雖說城鄉差距不大，可是仍有許多地方，都市人的資源比農村好太多了。以最重要的民生問題來說，都市人想餓著很難，而鄉下人如果懶得做飯，就得騎上機車或開車到附近的大街採購。

這種小事對行動方便的人，不足掛齒，可是對子女到都會打拼、落戶，不習慣都市喧囂，又沒有朋友的阿公、阿媽，只好回到熟悉的社區，於是吃飯成為鄉村獨居老人最大，也最切身的問題。

八十八年春天，花蓮縣政府委託門諾基金會承辦的「營養餐食送餐到家服務」開始。位於新城鄉的「聲遠之家」，以收容原住民老人為主。當門諾基金會承辦的「送餐到家服務」開始，安老院的修女曉得附近新城、秀林鄉的部落裡，有不少獨居的老人，經常因為營養不良而生病，如果福利機構每天供應午晚餐，對老人的健康幫助很大，儘管該家人力、財力都有問題，她們加入送餐行列。

起初門諾基金會從花蓮市送午晚餐到安老院，再由志工送到老人手裡。當需要供應午晚餐的老人急速增加，聲遠之家必須找位專職司機，負責送餐事宜。就在此時，金竹勝答應接下這份工作量大、繁瑣、時間長，但待遇卻極微薄的服務。

家住花蓮縣秀林鄉三棧部落的泰雅青年金竹勝，原來在台北工作，由於照顧生病的弟弟而返鄉。他回到久違的家鄉，一面看護弟弟，一面了解社區，發現部落有不少問題。弟弟過世後，他也下定決心不再離鄉，要為族人服務，於是他接下送餐的服務。

金竹勝開始上路時，需要送餐的老人有三十多人，隨著口碑的散佈，申請的獨居老人越來越多，如今十個部落，有六十多位老人。由於部落間距離遠，加上中央廚房在花蓮市的門諾醫院，他一天要從部落到花蓮市來回四趟，車程有一百多公里，而他每天要從清晨六點多忙到晚上八點，一天工作十一小時。

只送餐需要那麼多時間？金竹勝說：前置和事後作業非常多，送餐反而是最輕鬆的一環。每餐大概花兩個多小時，就能把熱飯送到老人手裡，真正辛苦的是前置和後續工作，都是費時又費工。

先說老人的餐食，都經營養師調配，針對不同的慢性病，吃不同的食物。

我們每頓都要照老人的身體需要裝便當，盒外要註明，按名送餐。其次，特製的便當盒要重覆使用，中午送餐，收前一晚的餐盒，晚上則收中午的。餐盒外殼水洗即可，裡面的湯碗、飯碗、菜盤、水果碟都得先人工處理，再以洗碗機清洗，然後以高溫烘乾及殺菌。

由於老人增多，又得趕時間，金竹勝如今送餐像洗戰鬥澡，停好車，拿起排好次序的便當盒，慢跑的衝進老人的家。他很遺憾的說：「以前人少時，我會和老人聊幾句，現在根本沒時間問候。還好最近基金會有兩位居家服務員，每週兩次訪視老人，為他們復健或做些家事。」

送餐老人的家，一般說來都較簡陋，但也有住在氣派別墅的人家，且供應兩人的餐食。金竹勝說：「蓋房子的兒子已過世，留下紋面且瘦弱的老阿嬤，及精神失常的孫子，他們既沒現款，也沒有力量煮飯，怎能見死不救呢？部落有些人，看到老人享受送餐服務也想要，其實這些老人的情況，都經過基金會社工調查，合乎資格才免費供應兩餐。」

送了一年多的餐，每天和老人打兩次照面的金竹勝，和獨居老人都培養真摯的感情。如今，送餐時間到了，老人多會站在戶外，拿著上餐的餐盒等他，然後和他寒暄兩句。有一天沒見到老人，或餐盒沒食用，他就要找老人的行蹤或現況，有問題立即和基金會的督導報告。

一天兩頓的均衡營養熱食，確實使這些獨居的老人，面色比以前紅潤，精神和體力也恢復得不錯，看在金竹勝的眼中，他覺得很開心，再累也值得奉獻。死神並未因送餐忘了召叫老人，一年來有幾位老人在社會愛心下凋零，都令金竹勝很傷心，懷著悲傷的心情，送老人最後一程。

金竹勝因家貧，只讀小學就開始工作，為獨居老人送了一年多的餐，從門諾基金會的會議和社工員的解說，對社會服務有基本理念。以餐盒來說，除了方形保溫盒外，也有的老人用紙盒，原因在那?他說:「保溫餐盒不錯，可是很重，有的老人覺得是沈重的負擔，一天搬四次挺麻煩，於是要求紙盒，在尊重老人的前提下，讓他們自行選擇。有些老人生病，餐具原來就得隔離，用紙盒比較安全及衛生。」

目睹老人住在熟悉的部落裡，因著餐食的供應而活得健康、快樂，金竹勝就覺得很有成就感，忘了自己幾乎全年無休的勞累與奔波。

眞善美的理念

張淑美

我是高雄市文藝協會的新進文友，入會一年當中參加兩岸文學座談會、辛巳中秋晚會、年度大會，已感應到協會裡醞釀著一股能量積極活潑、溫馨和諧、文藝團隊精神清新有活力。

失業率頻增的今天，我能獲得這份醫院的打雜工作，也算幸運，雖不算高尚的工作，卻也心滿意足，因為不再虛擲光陰。

那天早晨，我把醫院內外清掃整理完竣後，與一位動手術住院的患者聊天，她提起以前那位與我同樣工作的「阿桑」在這崗位上服務蠻久的。此時，身邊正量血壓的護士插嘴說:「妳的拖把揮毫「一畫」一塊錢、「二畫」二塊錢、三塊錢……錢就這樣賺到了……。」

「其實，工作職位高低，薪水多寡是不可作為工作行為的尺度。」我望著她，笑著說出我的看法。

其實，我認為職業不管任何工作都是神聖的，也是上帝賦予我們的本能，凡事不亢不卑，不偷不搶，靠自己的血汗勞力，工作沒有高低，也不可分貴賤。

據說，以前那位阿桑名字叫「阿香」，她從不以打雜工作視為卑微的職位，一拼就是二十多年，她做得高興，也做得順手，全醫院上下沒有不讚美她的。由此可知，其主管一定也欣賞她的工作態度。我由衷的體會一個人，不管置身任何職場，不是與上級做好人際關係就可萬般皆如意，與同事間誠心的互動更重要，因此，我認為同事間彼此如何疏解溝通、寬恕、反省、改進都是人與人之間相處融洽必有的座右銘。

我活到這把年紀，修改服飾是我的專業，另外還承攬這份打雜的工作，可說生活更充實了。當初來醫院也曾有些熬不下去之意，但想到前任的阿香，她能一待就是二十多年，而我做不到一個月就「渡日如年」，反觀自己當初立下的成功信條與指標，是否如此缺少「堅忍意志」而中途停輟，前功盡棄成為泡影，這怎對得起自己！

現在，我的所做所為，都有一個存在的理念，在苦澀中能吃苦，我能立下榜樣，也許，我的孩子一樣能吃苦，我希望能以身教取代言教。人謂「不吃苦中苦，難為人上人」我也以此勉勵孩子。

生活的幸福要自己彩排，我也會苦中尋樂，例如業餘之後我即安排上文化中心的文藝班、電腦文書、學苑的日語、五洲餐飲調酒等如此排遣，不單單能充實自己，趕上時代，更期望子女能以我為表率。使他們從工作中學習去開闢自己的路，相信造物者賜人的恩寵，雖各有不同，但求人人能認識自己，創造自己幸福的生活，用自己優美的專長，在自己成長中接受挑戰去服務人群。如果人人都能對自己、對家庭、對社會盡一分心力，不但自己愜意，那社會一定和諧，生活週遭也一定有真善美相對的結合。

陳麗卿

筆名凡尼、爾柔；籍貫台灣省臺南縣，一九五〇年生於雲林縣虎尾鎮。著有「鍾愛一生」、「智慧讓我更加美麗」、「不完美也是一種美」、「眞愛不能強求」散文集及報導文學「百工圖」。書畫作品參加聯展多次。

散文二題

父親的遺照

父親逝世十週年忌日前幾天，母親忽然問我。

「從前給你們的爸爸的遺照還留著嗎？有沒有用相框框好？是掛在牆上還是擺在桌上？……」

揉捏著母親那皮骨相連萎縮無肉的雙腳，我猛然一愣，支吾以對……腦海中瞬間湧起十幾年前那一天……我們家兄弟姐妹六人，事先約好了從南北各地回到中部的老家團聚。

初秋暖暖的午後，我拿出相機，搶拍了一些闔家老少相聚歡笑的溫馨鏡頭，父親忽然說：「留幾張底片幫我和妳老媽各照張獨照，將來或許用得著。」

念頭一閃，心直口快的我，脫口而出：「對！對！將來兄弟姐妹各一張掛在家裡……」只差沒將遺照兩字說出口。

父親微笑的默默轉身回房，換上西裝領帶、黑布包鞋全副武裝，母親則任由姐妹們爭著為她梳頭抹粉，換上一襲她最喜歡底墨綠鉤紗旗袍。

老舊的茶几挨著沙發，都是二十年前大嫂的嫁粧，父親和母親依序端坐面向鏡頭，鏡頭裡父親目光炯炯，威嚴慈祥兼而有之，母親則一副雍容滿足的模樣。

幾個月後，父親溘然長逝，入殮時，穿的正是那套藏青色西服，那幀照片也真的成了遺照，並且加洗放大，分送給我們兄弟姐妹保存……

多年來，每到各處兄姐家中，都可看到父親盯著鏡頭的眼光盯著我……

而我自己卻將照片擱在抽屜裡！

因為深沉的思念不斷，照片中那最後的鏡頭，總在輾轉反側的黑夜裡、獨坐靜思時，悄然閃進腦海……

何須天天面對父親的遺照？……

父親盯著我的雙眼未曾稍離啊！

精神堡壘

前些日子，原本久病的母親又重感冒，咳嗽不停，病得實在有些昏沉了，好不容易才在兄嫂的誘騙下，答應南下住進高醫治療並檢查。

住了幾天，經過血紅素輸血、點滴注射及藥物治療後，原本無法下床的母親已能精神的坐在椅上大半天，也能扶著四角柺杖更顫顫巍巍的上廁所，母親向來極有耐力，自己能動，絕不假手麻煩他人，一旦覺得有了精神體力，就頻頻問起醫生，何時才能出院？

「醫生！我都很好，都沒有病啊！」那雙腿二十四小時未曾稍停的抽痛，母親早已視為「本來如此」，根本不是病……。

母親經檢查，其實尿毒指數已超過一百，非洗腎不可！可是做子女的我們卻沒人敢開口告訴她！醫生看她老人家成天面帶微笑的說她沒病想出院回家，也不忍開口，怕一提起需要洗腎，母親的精神或就垮了；因為十年前，父親最後就是因尿毒洗腎，才第三天就往生了。

母親暫時出院住在二哥家，由大嫂二嫂一起照顧。星期天，住在中南部的姐妹們都各自全家大小出動，開車前來探視母親，老少兒孫相聚一堂，自是熱鬧聒噪非凡，母親更是樂得合不了口，心情亢奮！

到了下午，待姐夫們執起母親的手，輕聲話別時，母親卻有些難分難捨，一留再留……。

「晚點兒再回去吧！多坐一會兒……」

大夥兒不忍，又圍著母親，效法綵衣娛親，彼此笑鬧瞎掰的哄母親開心……。

臨走時，大姐說：

「媽！為了我們這些子女兒孫，您可要多保重哦！雖然您老了，病了，但是您永遠是我們的精神堡壘哪！您看！您在老家時，我們就從四周八方回老家看您！您在高雄，我們又趕到高雄圍著您，實在是您凝聚了我們兄弟姐妹的感情向心力哩……所以啊！媽！就算我們做子女的比較自私吧……即使您覺得自己實在又老又病，活得很累，但還是請您多保重，和醫生配合治療，因為只要您活一天，我們就能多看到親愛的媽媽您一天了！」

江上秋

本名陳春華，一九四九年出生於基隆，曾任教師、記者、編輯。作品曾獲聯合報極短篇小說獎，二〇〇一年出版散文、小說合集「印證」。

許願三題

許願

今年春節上了一趟阿里山，這是多年來的一樁宿願。新春上山，固然是配合假期，另方面未嘗不是討吉利的心理，要了卻上名山、觀旭日、訪雲海的心願，也得選個黃道吉日，凡事即便是玩，也是盡善盡美的好。

才下山，同伴就嚷著：明年該攀登玉山了！於是，又有了一個新的心願。似乎總是這樣，舊願才了，緊接著又有新的願望，一個願望疊搭著一個願望，馱負者，怪累人的！奇怪的是：一旦少了那喘不過氣來的咻咻聲，生活又顯得非常無聊。

朋友家新貼上的春聯，只有十個字：「海闊從魚躍、天空任鳥飛」，他說這便是他的新年新願，我卻依稀記得，去年，甚至前年，他也寫的是這副對聯，可見的那是一樁久久未了的心願。

一位事業已經很有成就的長輩，近來積極準備出國深造，許多人笑她「七十歲學打鼓」，但她說這心願已積了三十多年，不了的話，只怕將來死不瞑目。

也許只是一個小小的心願，也許是一個不易達成的宏願，無論何屬，在新的一年到來時，何妨丟個銅板在心靈的許願池，給自己許個願。

雁字回時

年少時，覺得最美，最樂的一樁事，莫過於在爬滿牽牛花的竹籬笆下，撿到一封貼了郵、蓋了戳、信封上寫的正是自己名字的信，那字跡似曾相識，卻又陌生。

久別的朋友，在某個睡不著的夜裡，突然想念起你，於是披衣亮燈，展箋搦管，犧牲一夜的睡眠，獨個兒在那西窗剪燭，與你做時空不能相接的巴山夜語。

朋友之間距離遠了，感情彷佛也淡了，但偶而興起的思念，卻又出奇的纏綿，就好像久封在罈裡的陳年佳釀，平時擱置著，一旦掀開蓋子，那濃烈的味兒醺得醉人。

年少時，總是自命瀟灑，面對輕飄飄的一紙尺素，從未想過要刻意保存；直到有一天，遠來的一隻飛鴻，改變了我這種疏懶的毛病。那封信來自一位去國多年的友人，在深秋的黃昏，就著逐漸黯淡的夕陽，捧讀這樣一封信，它告知你：寫信的人生命已經到了盡頭，他再也不能給你寫另一封信了。

緊緊抓住信的那一剎那，驀然驚悸於它的份量竟是如此不能承受之重！

且向花間留晚照

在茶樓，聽朋友講了這個亂世情緣的故事，久久不能釋懷。

說是一位老先生回大陸老家探親，意外發現當年跟他只做了半月夫妻的元配，竟然沒有再婚，而他自己在台灣四十多年間，結婚生子，妻死後又再續弦，後娶的老婆不久之前也過世了。這位老先生面對那守著他的姓氏過日子的老妻，畢竟無言，最後是把這老了的新娘帶回台灣，再續前緣。

朋友說完故事時，慨歎男人的薄倖，拋下新婚妻子自己逃命，數十年間，必然是完全忘卻了有這個女人，所以才能一娶再娶。表相的確如此；但在一個戰亂的時代，離合生死常不是個人所能掌控，「人生由命非由他」，恐怕是生於憂患的人才最能深刻體會，故事中的人情糾葛，又豈是局外人能輕易窺探全貌的。

然而，我還是為這一對老夫妻感到欣慰。老太太從花樣年華開始就守活寡，不管她是為情、為義，還是為禮教或其他，總是抱著一個信念守了下來，說她痴、憐她傻，都是旁人之見；值得稱道的是：總算讓她等到了丈夫回來的一天。即使回家來迎接她的，已是一個白頭老翁，畢竟今生得以再見，不必寄望來生，相信在重逢的那一刻，一樣銀髮似雪的老太太說的一定是：「活著回來，就好！」

當老先生牽著老太太的手，散步於台灣的某座公園，她們仍是一對和諧的老伴兒，雖然兩人或許不免要問：這樣的夫妻究竟是有緣，還是無緣？

黃秋鳳

出生在多陽光的南台灣，忘情且又自我的生活者。喜歡樸素的創作、文字、繪畫、書法、烘焙、烹調、交互生輝，使之成爲一種幸福的生命情調。熱愛學習、勤於工作、也教學相長。

泡湯之旅

週休二日何處去？最好是徜徉山水去擁抱大自然。旅遊業者為迎合此項需求，爭相推出各種配套旅遊活動，讓消費者有多種選擇，其中最熱衷的莫過於現今最時髦的泡湯活動，好奇加上好玩，慫恿著我也報名參加，想親身體驗溫泉的魅力，為何大家會趨之若鶩。

那天一早搭乘南迴鐵路的列車，直奔台東知本，沿途依山傍海，風光迎眼，但一直期待火車穿山越嶺，鑽隧道，過鐵橋，欣賞南迴特有的風光。車過「枋寮」漸漸彎進山中，雖失去海的瀏灠，但一野翠綠，使我貪婪的目光不曾停歇，風光景緻看得我如癡如醉，心情也想跳下火車與風光同伍，車箱內我的眼睛忙著欣賞窗外流動的風景，一邊數山洞，一個、二個、三個……愈來愈多，多得眼花撩亂，哇！簡直不可思議，僅僅五十八公里路長，竟然有三十四個耶，不禁讓我對當初這群開山闢嶺偉大工程的執行英雄之壯舉，肅然起敬，真的「精誠所至，金石為開」，天下沒擋住人的牆，讚佩敬仰他們是後代開路榜樣，據云：多數退休軍人，他們也曾打通北迴公路，當時他們是秉著堅毅不拔的精神才會讓我們享受「前人種樹，後人乘涼」的幸福。

火車在讚佩感嘆、興奮中抵達了目的地——「知本」。住進東台大飯店後，導遊簡略敘述當天行程，就安排此行的重頭戲，為泡湯之旅揭開序幕，大家迫不急待換上泳衣直奔泡湯區，區內分別有「美人湯」、「美容湯」、「藥草浴」。我開玩笑說：錢不能白花，咱們今天一定泡個過癮，回去之後希望個個變成「美人」。換到養生水療區後，看了說明更讓我心花怒放，興緻濃濃，它對人體有各部份的水療功能，難道真有如此神奇？懷疑中仍讚嘆設計這些硬體設施者心機獨具，不但能滿足現代人生活調劑上的需求，也讓頭腦動得快的商人賺足了荷包，更受惠了許許多多筋骨有障礙者獲得改善，因為熱水浸浴對筋骨確有其功效呢！

午餐後稍作休息，租提籃買雞蛋，用天然水煮溫泉蛋，高達沸點的泉水，才幾分鐘，熱呼呼的蛋就可以入口了，溫泉水煮的蛋，口感也不一樣，難以形容，之後，又到有熱泉和冷泉的泳池游泳，因為第一次嘗試，好奇心的驅使，讓我有股一躍而下的衝動，在大自然的泉水中，悠遊自在，忘卻疲勞，不停的游著，與平常在充滿氯氣的泳池比較，真是大相逕庭，無可比擬，心中充滿不可言喻的滿足感，人生最大的享受，莫過於如此悠然自得，我「美人魚」，卻能如此以水為樂，忘記城市中的擾攘、囂鬧，如果我能有此機緣，真想長住於此；可惜，明天又要回歸城市，就這樣沉浸在快樂的時光中，「泡湯之旅」也接近尾聲了。

經過這次大自然的洗禮，同行者的臉上都洋溢著陽光的燦爛，瘋狂了一整天，大家沒有倦容，而且還互相約定，下次再來。

鍾順文

一九五二年生於印尼雅加達，詩齡二十二年，現任掌門詩社及港都文藝協會現代詩社社長。曾獲中國文藝獎章、新詩創作獎、高雄文藝獎、國軍文藝金像獎及全國優秀青年詩人獎、心臟詩獎等。著有詩集：六點二十六分、放一把椅子、頭髮和詩，散文集：舞衣、H大調。

H大調

弓身的海馬

冷氣車內，H弓著身，像一隻海馬的樣子。

在浮沉的人海之中，H忙於音樂教學，忙於藝術工作，還得面對「人」的問題。

扉頁上的人，扉頁以外的人，都是除了音樂，足以讓H頭痛的課題。

翻個身子，H仍然弓成海馬的樣子。

缺乏安全感，她需要抱緊著自己的影子入睡。顛簸的一路，愈抱愈緊・不知她的夢中是否擁抱一把瘦瘦長長的西塔琴？

夢寐已久的西塔琴，上回一個偶然的機會裡，因有些許瑕疵、錯失擁有的慾念，下緣不知何時了？

車內一片寂靜，獨有不甘寂寞的冷氣，沿兩旁的護架間隙呼呼冒出。不知道H的夢境是否很吵？而不甘示弱的冷氣，是否也很強勁？不然，她怎麼凍得弓成那付德行。

H，一定不喜歡我把她的睡姿形容成海馬的樣子。海馬很醜，可是她一點都不醜。海馬很溫柔。不知她溫不溫柔？

我很想畫她帶點藝術味的睡姿，手中恰有一紙，信筆塗來，果真像個海馬外型。我端詳良久．研究不出為何她選擇那樣的睡法？

我給她蠻大的自由區，那種類似海域的空間，為何她固執屈身自己擁有的範圍。莫非，除了她容身的淨地之外，全已污染成廢水？而她不弓身保護自己，誰來助駕？我嗎？在茫茫人海中。

H又為音樂把脈去了。

漫長的藝術病痛，需要歲月診治。H是一位認真的藝術大夫。她以生命和藝術病菌糾纏，拿時間長期抗爭，為藝術把脈。

每週二、五，她要長途跋涉，為罹病的音樂針灸。一逢雨天，還要冒沿途落雷區的危機行進，緊湊的時間，往往也讓她忍饑受渴，為了多災的音樂．只好自己受災多難。

H又為音樂把脈去了。

她要找回一些逃脫私奔的音符，拿更多的耐心撫慰它們創傷的心靈。有些心智不全的節拍，需要她去調整指導；甚至五音不整的走調，也要關懷。

的確，要五線、六線…甚至更多無形的線協調。不是輕易可為。尤其，重重的樂理，像條條難記的醫理，她在慢慢焚燒自己的生命，要放亮藝術之光。

這條艱辛的音樂之路．她走了廿餘年。經常以一些新的理念，去暢通音樂堵塞的血管，以心理醫療去拯救多病痛的它們。那條筋不對了，她要耐心地調整好；包括走失的吶喊，都要糾正拉回。

有音樂的地方，大部份都有她的足跡，為音樂磨掉青春，為音樂苦惱、擔心，甚至累病，為音樂配詩，提昇旋律世界。

H又為音樂把脈去了。

H是音樂的朋友、醫師、甚至愛人。

真空訝異

不知道甚麼時候會出現真空的訝異。

H雙重的壓力，需要雙重的耐度。誰說？人生下來就享有公平的待遇？有太多不可選擇的既定之事，如何更移？

今夜，H把壓抑的事態表露無遺，我們的情緒，所有怒弩待發的情愫，除了沉澱心底，又能如何？

斗室的臉，突然也凝重起來了。那幅沸點以上的畫作，似乎飛揚不起加溫的意念，我們是兩滴沿著透明管下降的蒸餾水。H說，冷卻不了，走雲。

好一片不受拘束的雲，看風來了，散向何處？零時過後，H仍有一脈熾熱的沖擊血液，不因時候而降血壓，她上揚的氣勢，是以熱成燃點，偏偏難以燒盡我們苦心建立的感情。

今夜，斗室裡幾度陷入低氣壓，幾近真空狀態。遠處有一道強勁的紅外線，想分割一千多塊磚頭圍成的厚牆，似乎不大容易。

日子確實像堆砌的磚頭，至於是否牢固？得看混凝土的附著力和技藝到家的功夫。小小的孔眼難免存在，縱使齊風透過也起不了甚麼作用。

今夜・我們對坐，讓心靈彼此交流，沿時間的弧度追求未來。縱有想介入的「真空意念」存在，亦在千里之外。

我們不想讓真空的訝異再度衝進，在往後的追求裡，彼此間建立最密合的默契・任一些明朗的氣流相互溝通，排除任何足以造成真空的地帶，我們需要呼吸的空間，不要像太空人那種輕飄飄的訝異感。

生命樹

同樣的路，不同樣的心情，我溫習昨日的課程。

H的輪廓漸漸由模糊轉為清晰，人生感情裏的七葷八素，她一概不沾，在私有的情感領域，只種一棵純真的生命樹，一輩子守著，生死不渝。只要一棵足以讓她信賴可靠，累了又可以遮陰休息的生命樹，H就能在愛的滋潤裏活得很好。

同樣的路，有不同的走法，我試著尋求其他的方向，最終的目的地，仍然是H溫暖的小窩。循風雨鋪就的小徑，我披雷電的恐懼，走在泥濘的心域，一爬一個踉蹌，早忘了一副肉身，那能抵過自然風暴。

一千多個階梯，梯梯驚險，我持真理蹈過。回首，不堪再赴，怕此身難以重生。還是留些心靈空間，給H填些藝術抱負。

這一門學習人生的課程，需要一生的執著。一如H對感情和藝術的虔誠信仰，逐日不停地充實自己，將整個生命投注於藝術的血脈裏，讓血液生生不息，運轉出偉大的有血有肉的作品。

我是不膩的，對於每天要走同樣的路，而有不同的新發現和展望，有最大的勇氣克難克苦。其中，H的精神感召很大。看她剝削一些起碼的享受和舒適生活，為一些傑出的作品犧牲一切，奉獻所有七情六慾，寧可尋求淡泊的研究工作；以嚴謹的態度，去面對人生嚴肅的大問題、大災難，而不貶眼咋舌，而不言苦地往前衝。我能不揭竿起義嗎？在這書荒人廢的時局裏。

母親・女兒

王心華

生長在雨港，曾經為賦新詞強說愁，而今落腳南國，當察覺鬢際間竟探出白髮，才感嘆歲月就這麼從指縫間流曳。舞文弄墨是自己心靈的園地，從職場回到家庭，一路走來也算平順，當下的我心存感激與珍惜所擁有。

母親

清晨被刺耳的電話鈴聲吵醒，那端傳來小妹帶著喜悅的聲音：「姐，媽媽當選模範母親，妳要不要回來一起慶祝。」「要，當然要。」我回答著，掛了電話睡意全消，整個人也跌進了時光的隧道。

從有記憶開始就深刻的感受到，母親在她的生命中「家」是她的一切，愛她的丈夫，愛她的子女，全心全意的付出，沒有任何怨言，一個非常傳統的中國女性。

剛由大陸來台時，相信很多家庭生活的都非常清苦，父親常在雞剛啼天色還昏朦朦時就趕著出門工作，母親則為了貼補些家用每天到魚市找些零工，記得在冬天，我們幾個孩子還窩在溫暖的被窩，母親已經打著哆嗦回來，看見她紅腫的雙手，及受寒風吹襲而咳個不停，當時又捨不得花錢治療，以至於到今天成了慢性氣管炎無法根治。幾個兄妹年幼時都好哭，尤其么妹常常在深夜哭鬧個不停，母親怕吵醒父親，整夜將她抱在懷裡來回搖晃，嘴裡還要唸唸有詞，經常是么妹哭累了睡著了天也亮了。

母親最愛講述的就是大陸家鄉的往事，每當說到不知何時能再見親人時那種傷感，是我們這些沒有嚐過離鄉背井少不更事的孩子所不能感受到的，而令她感到驕傲的是逃難時母親身懷著哥哥，也是現在家中的獨子，在途中的一個廟宇產下了他，在兵荒馬亂之際，非但沒有奶水可餵食更別說坐月子，只有用乾糧嚼來給他吃，也許母愛感動了天，早產的哥哥居然奇蹟的就這麼存活下來，到了台灣哥哥也在母親悉心調養下擁有一副魁梧的好身材，任誰也想不到他是在那麼苦難的日子過來的，每提到這件事母親臉上就流露出難得一見的自豪。父親對子女管教相當嚴厲但從不打罵，只要他一句話就足夠讓我們反省幾天，我們對他是又敬又愛，而他對母親卻是十足的大男人主義，家中大小事母親一定要徵詢過他才能去做，發起怒來連桌子都會掀了，然而母親卻用無比的包容使一切化為祥和，這也是當我們個個自組家庭後她一再用來警惕我們的家和萬事興。

在父親中風的後期，我因外子工作的關係離開從出生到成長的北部，來到了陌生的南部，心中是萬分的不捨，那份思親的情緒跌到最谷底，父親也就是在我離開北部的第一年走完了他的一生，在中風的後期照顧工作是相當辛苦的，我常自責沒能為母親及兄弟姊妹分擔些許那怕是精神上的支柱，尤其未能見上父親臨終時最後一面，心中終有那麼份遺憾。

母親外柔內剛的個性，在父親過世的這十幾個年頭，常讓人感到心疼，偶而冒出一句「老頭兒這麼早走連個吵嘴的人都沒有」，雖然她總是若無其事的，但是落寞的神情悄然掩在臉上。台灣開放大陸探親後母親回家鄉兩次，卻遍尋不著可祭拜的祖墳，在她心中四十多年的盼望就這麼被打碎了，唯一可以讓她津津樂道的往事也從此不再提起。經過大半輩子辛勞的母親已年過八旬，欣慰的是老母親身體還算硬朗，雖然南北兩地，但我一點也不怕疲於奔命，只因不願再有任何的遺憾。

二十歲的妳

女兒正值雙十年華，做老媽的我為了展現不落於現代新新人類，特別在今年她二十歲時用電腦製作了一張生日卡祝福她，看到女兒帶些驚訝和感動的神情，相信我最好的機會教育又達到了。

在女兒降生時，大家都說家裡來了隻小鳳凰，也的確，從她出生一家人把她當開心果、消氣丸，更是小仙女般的捧著、愛著，爺爺更為了讓她開心，在後院養了小雞、小鴨、兩隻大白鵝，再加兩隻小白兔，真恨不得弄個動物園給她耍，奶奶常為了受不了這些異味，和爺爺發生口角，這個大家管她叫「妹妹」的女兒也機伶的隨時懂得討大人歡心，一向有重男輕女較疼長孫的奶奶都被她的甜嘴給收服了，我這做媽媽的更是癩痢頭的女兒也是自己的好，怎麼看，怎麼瞧，就是覺得比人家的孩子要可愛，為了捕捉她任何的表情，家裡照相機隨時備用，相簿更如專輯般的編排成幾大本，朋友常笑我是有計劃準備做星媽，天曉得，我才捨不得讓自家妹妹去吃那行飯，只希望看著她在一個幸福正常的環境中成長，那怕是做個平平凡凡的人，做媽媽的我就夠滿足的。

女兒剛滿足歲時，因我的疏忽，一壺滾燙的開水由她的手臂灑了下去，經過一番奔波折騰與時間的煎熬，雖然痊癒，遺憾的是留下些無法去除的疤痕，一個做母親最痛心的莫過於因自己的疏失，而造成孩子的傷害，或許是一種補償心理，對女兒寵愛有加，在內心一直有著歉疚，在女兒懂事後，知道這件事在我的心裡一直無法釋懷，反倒常安慰我說這也是一種缺陷美，聽在我耳裡，心更是痛得揪在一起，我只能說媽媽一定用一切力量將那傷痕撫平。

在妳的成長過程中每個階段雖然媽媽都有參與，但是只因無法做個全職的母親，難免有所錯失，曾經在妳學校的作文中讀出妳小小心靈的感傷，當時看了真希望時間能倒流，讓媽媽重新再來過。

二十歲是人生重要的階段，看的出妳有著期待的喜悅，然而也有種莫名的失落，珍惜妳所擁有，快樂幸福的人，是那些懂得惜福的人，更要喜歡自己、欣賞並接受妳自己的存在價值，二十歲可以做自己未來的掌舵手，也許在妳的行程將有數不盡的礁岩、定期的潮汐，以及可能有的風雨阻隔，但別懼怕，未來的命運是妳的命運，穿越層波的浪潮用妳的智慧與幸運平穩掌舵，揚起帆無懼的航行於妳人生之海上。

洪麗玉

台灣彰化人，靜宜大學中文系畢業。寫作以散文爲主。作品獲：省新聞處散文獎、國軍文藝獎、青溪文藝獎、高雄市婦女文學獎等多項。曾任高師大「南方文學獎」散文組評審、「馭墨三城」雄中、雄女、道明三校「聯合文學獎」散文評審。

蟬鬥

一個寂靜午后，宜睡宜思，也宜戲游書海，於是輕輕抓起高行健，準備與他共尋靈山。書中忽你忽我的轉換角色，在展開數頁後已經可以隨之調整角度……。

冷不防一聲蟬鳴，尖銳入耳，這聲音來得突然，也來得突兀。尋聲出庭，不遠處是一片綠林樹叢；近處只有幾根電視天線或斜或殘擠靠一起，聽聲音這蟬應在近處，莫非牠把天線當成樹枝？或是久居綠地，也想一探紛擾的塵囂？

單音的蟬鳴，沒有緩急高低，就像頑童按住一個琴鍵不放，然後化成一支音箭直射耳膜，貫穿兩耳後就拔之不去了。

第一次感到蟬聲原來竟是如此野蠻，它毫無預警地就登堂入室，不！是「入耳」，不須徵求可否，就拉開嗓門高吟起來，讓人不聽也得聽。身為一位被動者，我既無法要求牠暫停，也不能請牠換個音，只有放棄靈山，坐任牠震我耳鼓，擾我心神。

有人說「世界上的聲音除了人聲和機器聲外，蟲鳴、鳥叫……都是美妙天籟，能夠徜徉其中是一種享受」，這話我一直是贊同，但是，當這聲蟬鳴攻占我耳時，我卻想修改這個看法。

或許，是因為每次聽到蟬聲都是在郊外，所以和蟬的關係，我是站在主動位子，也就是我可聽可不聽，擁有隨時離去的自由；而當牠不請自來，就在屋角高歌時，我真是進不能攻、退也幾乎不能守了。

難不成，我要棄屋而逃？

再撐吧！頑童總有玩累的時候。

每次出門必經海軍官校旁的大馬路，初夏時分，圍牆邊的樹椏上，陣陣蟬聲有如萬馬奔騰，與呼嘯而過的車聲較勁。每每我喜歡放慢車速，故意把自己溺入這萬蟬齊鳴的聲海裡，說是聲海，其實有美化之嫌，因為海中有浪，波浪有起有落、有漲有退，就算不會游泳的人，或許還有機會隨波逐流，伸出頭來吸救；而這聲海，竟是沒有浪濤，一旦掉入後，連善游者也沒有機會換氣，除非有本事免脫，否則只有溺斃！

我曾很認真聽過蟬叫，近聽時才發現，常常是一聲蟬鳴傳來，不但附近馬上有另聲發出，而且高低都一致，就像聽到熟悉曲子，有人就會不由自主地跟著哼唱起來。如果這也是一種「共鳴」，那麼，除了人類外，動物也具備這個本能，因為我養的玄鳳鳥，叫聲宛如口哨，所以一聽到有人吹口哨，牠就會與奮地叫著附和，好像離群遊子找到家鄉故人一般。

蟬的共鳴，不需要一群，只要三兩隻齊唱，就可以使聽覺霎時淪陷！每當耳膜快承受不了時，我就加快車速逃脫，將蟬聲遠遠拋在車後，讓牠們徒呼負負！

於是，每出一次門，就與蟬搏鬥一次，不過，我是永遠的勝利者，因為牠只能在高枝上叫囂，無法追我挑戰。

兒時看過蟬，說真的，那真是其貌不揚的昆蟲，牠甚至讓我想到令人作嘔的蟑螂，怎麼這般長相的東西，竟會讓駱賓王吟成「露重飛難進，風多響易沉」的不遇君子？也許，是因為牠有一段坎坷的生長過程吧。

蟬的幼蟲是在泥土中度過——最近還報導有人挖這蟬蛹吃，真讓人翻胃——，到了夏天就爬出地面，尋找樹枝或草叢，脫掉身上的皮，在陽光與空氣的潤澤下，牠的皮由綠轉為棕色，就是已經茁壯。雄蟬腹部有發聲器，所以一到夏天，可以聽到響亮蟬鳴，但是一入深秋天氣轉涼，叫聲轉低弱，甚至寒蟬就禁聲，當然，也就蟬不知雪了。

因為牠度過黑暗再轉棲高枝，就被稱為生性高潔；因為風餐露飲，就被引為耐苦受難。駱賓王「在獄詠蟬」是說蟬，也是說自己，「蟬我」融混不分，儼然和蟬已經渾為一體了，所以他和虞世南、李商隱，被後世稱為唐代文壇上詠蟬的「三絕」，三人雖然際遇不同，但都以蟬來抒懷明志。蟬到了詩人筆下，成了操守高潔、品性清高，不同流俗的君子；蟬，遇到知音。

不過，駱賓王在獄聽蟬，蟬聲肯定不是這麼近。其實如果能夠保持一點距離來聽蟬叫，倒也不是那般刺耳，「距離就是美」，連蟬聲都是「只能遠聞，不可近聽」。

對於聲音，人們總以「像麻雀叫」來喻人聲嘈雜，其實麻雀再吵，還有急緩長短；而蟬聲是一個毫無變化的單音。如果要比較的話，人聲之雜，不過也是喃喋哼哈，終究還有高低頓挫，所以吳儂軟語是可愛的，只遺憾人們沒有珍惜這項天賦，偏偏要以話意傷人，有時聽入耳裡，竟是比蟬聲刺耳，因為單音蟬聲只以尖銳鬧人耳膜；這這樣的輕言細語，卻句句如針般直刺心板，叫人躲也不得、閃也無計。

幸好，尖言酸語只是生活中偶爾的加味，咬緊牙根吞下肚後，就沒事了；但是這單一蟬聲，就在我身邊，把我一下午的悠閒叫得浮躁起來。

我該舉旗投降嗎？望著屋外高照炎陽，我連逃家念頭都曬乾了，看樣子，這次我要敗北了——這是「風水輪流轉」吧？

正準備慷慨就義時，蟬聲一陣轉弱，而後嘎然停止，有如正在轉動的錄音帶突然遇到停電，聲音在一陣疲軟後就收止，四周頓時靜得出奇，乍得清靜的耳根，還有蟬聲迴蕩，雖然不是「繞樑三日」，大概也要繞耳幾分鐘吧。

慶幸揀回一個午后，就在念頭轉動時，牠又叫了！原本的竊喜變成被愚弄的懊惱！就這樣，蟬聲時斷時續，這頑童只對這個琴鍵感興趣，按累了，就歇一歇；歇會後又繼續按，不知要玩到幾時？

傍晚，我走到後陽臺，看見紗網上有一隻大蟑螂緩緩移動身子，我拿起拖鞋，決定讓牠粉身碎骨，悄悄走近，牠沒有受到驚嚇，依然蓮步輕移，我再仔細一看，天啊！竟是蟬！想到這是詩人筆下的美物，我不忍下手，只好用手輕輕一彈，驅牠遠走高飛。

晚上外子下班，我向他告一記「蟬狀」，他是一家之主，就是駐城統帥，我是守將，既有敵軍入侵，理應向他稟報實情，以思對策。他卻不急不徐地說：「早在兩天前，我在花盆旁就已發現兩隻蟬屍。」

「蟬屍！」我大叫起來。

原來敵軍不但攻克此城，而且已經築壘屯守，在此安身立命，連長眠之處也安排妥當。

至此，我有投降的喪氣。

週六清晨，夜貓正好酣睡，「唧——唧——」的刺耳聲從對面住屋角直搗我夢鄉，才七點鐘，敵軍就準備作戰了。

牠儼然已經占據這片領地，一大早就向世界宣告牠的地盤，我成了牠的子民，除了讓聽覺任其摧殘外，別無良計。

我望著身旁的他：「好煩哪！這蟬！」

「能不能養螳螂？」他道出一句。

「為什麼？」

「不是說『螳螂捕蟬，黃雀在後』嗎？」原來統帥也不甘就此俯首。

看來，也只剩這「反客為尊」之計可施——但是勾踐復國，也得「十年生聚」哪！

來不及了，今夏，會有一場激烈蟬鬥！

藍世光

一九五七年一月七日出生於台灣彰化。從淡江大學取得中國文學士學位。高雄市立文化中心參加文藝研習班多期。曾任代課教職；代表作品有「三組式日記教學法」、「阿光的路及其啓示」，曾在國泰人壽保險公司任職，著有「好嘉載：壽險經營與實務報告」等書。自有網站「圓信網」。

風雨雷電帶火花

非要風雨才顯得出偉大嗎？為什麼初次見面當時風雨交加？搭公共汽車遠道而來的相親，這是上帝運用空間對我的考驗？白天上班工作疲累之後的相識，是天公運用時間對妳的巧安排？就在風華一時的華王飯店，雷雨交加的夜晚，象徵著兩造極端的相會而迸出的火花；是認真的，是激烈的，也是默契不夠、衝突不斷的。

以前我不曾搭乘過南迴公路的金馬號公車。隨著路程的高低彎曲，在車內，我的身軀動彈不止，思緒顛波搖晃，墮入傳統相親迷幻的夢境之中。這怎能算是在休息入夢？簡直是另類折磨！還好，當時我還沒有搭乘火車的較佳景象讓我作比較，欣賞風景就是享受生命的點綴之一。汽車墮崖的恐懼是有的，久後也就神經麻痺了。我要去相親，多麼光明堂皇的偉大情操啊！老天爺會成全我！糟糕！怎麼碰到山區大塞車這種事？我是第一次搭這條路線的班車的耶！行行好吧！我想汽車的駕駛先生也累了吧，請對方來車趕快讓路讓他載我到高雄，他也好回家睡覺吧！我要相親。

聽說妳是乖乖女，教會中的女孩。由於輪班工作的關係，媒人在安排相親時，也遷就妳的作息。妳開著一輛米白色轎車，在那個時代，這也讓我羨慕。是大夜班惹的禍，讓你擁有消瘦如柴的身軀；似乎妳沒有貌美貌醜的顧忌，開朗大方地隨著親娘來和我相識。重視羅曼蒂克的妳，相親對妳不是問題。

不用大人全盤介紹，我倆自顧暢談起來；也不知我阿姨，這個媒人兼男方親戚，和妳的親娘說了些什麼。畢竟，我倆已有了彼此的印象在。我是商人，妳從醫。我住鄉下，妳湧現都市的氣息。我是不拘宗教，妳是虔誠信徒。我是講話粗魯，妳是言談細膩。這一切，都在相見歡的氣氛背後蘊釀觸發電擊。就像妳禁不住寒風冷雨而向我示意，我們的相親會，就在我撐傘保護妳上車之後，彼此離去。來電的感覺在夢中。

年輕的傲氣，伴著家族的氣息；婚姻，從來不是個人和個人的遊戲。妳有虔誠的矜持，我有理性的固執；到底是誰想改變誰，別人似也在看一場兒戲。

妳不理我，同時我也不甩妳，只因為意見不合導致眼不瞪對造成氣氛不諧。怒罵彼此，不合作也要有風度！也罷，彼此已經提出離婚說帖，怎奈老天安排，無法在同一時機湊齊離婚協議。妳要離時我不離；我要拆時妳不拆。這真的不好玩，但卻像一齣戲。分居，竟卻更加甜言蜜意。無論如何，獨立雙方的接觸，誰也不會因此迷失了自己。

在我發表「光明齋祭祖新儀說明書」及自行設計製作一個十字架的公媽牌，而妳也不再排斥家中祖位後，最高興的是小孩。因為他倆的爸媽不吵架了！現在，我們的收入減少了，家庭的向心力卻加倍了。我就用我最原始的專長——寫作，來愛妳，賺錢養妳，好嗎？

蔡曉雯

從事安親班教學八年，對文學、心理學、哲學有極濃厚的興趣，深感文字力量的影響甚巨，可以淨化、美化心靈，更可以生活常充滿新意與趣味性，參加文化中心寫作班近四年，踏入文學的領域，同時也是踏進無數個新生命之始。

溝通

「專注」是溝通的起步，一不留神便接續不著整個溝通的細節，更無脈絡可尋，於是有「溝」卻無「通」，想必會成髒水溝，既臭又阻塞住，產生摩擦，誤會化膿，悲劇默默升起幕。

人生就像一齣「懸疑劇」，若不用心欣賞，絕對不懂其懸疑的奧妙與智慧，更看不懂其原著要表達的內心世界；有時也像一齣「意識型態劇」，抽象得令人捉摸不定，更有意外、驚奇……，但一旦投入的體會、欣賞，必然可思考出蛛絲馬跡，即誠於「溝通」！

雙向溝通，是一門很深的人際哲學，對象含蓋親人，同事、親子、陌生人……，很多不同身份、地位、角色的人，都處處會隱藏溝通癥結與癌細胞，就等發病的那刻，溝通決裂、崩塌，每個人都不希望如此，人際間偏存在這樣的危機！

人際間的雙向溝通，是如此的錯綜複雜，一顆心就已經夠撲朔迷離、千變萬化，更何況是兩顆心的交流，甚至和平相處，這就像是兩團「龍捲風」、「暴風圈」想要融在一起，實在是難上加難，非經真誠、尊重、同理心、關懷……，的種種良性因素化解不可！

就算是最和善、溫柔的人，ＥＱ如小河潺潺緩流，但有時也會莫名的產生暗流，更何況是一般較無修養的人！然雙向溝通還有達成和諧之契機，而單向的呢？不就更慘更高難度！例如：植物人和親人，成為一種遺憾的單向溝通，其雙方間的痛楚，無人能夠深刻體會！除此之外，聾啞朋友的溝通，以肢體代替語言，有時摩擦、誤會，是比一般人高上好幾倍，他們心中想表達的卻無法盡情，那種感覺與苦惱，又有誰能真正了解呢？

我們應該珍惜身邊的親人、朋友，以最摯誠的心意，最溫和的態度；最窩心的語言；最理智的思維，去站在對方的立場思考問題，共同面對生命最難溝通的癥結點，死角，才能使彼此達成共識，消弭不必要的紛爭。

這不僅是殘障朋友的單向溝通，一般人，也有此情形，大多是自我主觀較強烈，與個人的中心思想有關，於是，這樣的人永遠只聽到自己的聲音，面對自己的孤獨時只會更加寂寞，還口口聲聲說：「別人不了解！」

詩

李玉

譜名迪爲，筆名楚鄙，湖南省武岡縣人，一九二一生，警校畢業。酷愛文藝與攝影。著有「心弦詩集」、「走過的歲月」小說集，「旅痕」散文集、「旅塵」詩集。現任高市文協監事、高市中國文協監事、青溪新文藝學會理事。

寫給浙江省作協訪台的文友們

錢塘江潮
飛濺一陣細雨
讓悶熱的港都一陣舒爽
十二萬份熱情飄海而來
使兩岸關係不致冰涼

高雄市的文友們
張開雙臂
歡迎諸君蒞訪
且敞開胸懷
飽覽夢中湖色山光
請盡情暢飲
醉臥於長久渴望

血濃於水
哪怕星移物換
你來我往
管它條條框框

數天雖短暫
但未來一日將比過去一年還長

我們用行動
寫了一篇經天緯地的文章
深信
在坎坷的民族大業上
是熱　是光
在澎拜的歷史長河中
是風　更是浪

藍善仁

筆名荒馬，江西龍南人，一九二三年生，海參大畢、政大行管研究。歷任軍職三十餘年，上校退役後，續任高中教職十四年。曾獲文藝金像等十六座，現任高市文協理事，出席國際會議多次。作品結集出版計「心靈上的陽光」、「青溪涓涓流過」等七種，收入其它專輯三十餘種。

萬福大同

——歡欣迎接二十一世紀——

歲月如流
人生百代過客
追尋進取　謀發善祥
創建出地球村裡
文明社會

繁華似錦

站立在　二十世紀
最後一個冬天
舉手歡呼　迎接
二十一世紀新歲來臨
六合之內　光天化日
萬事呈祥

回首二十世紀
百年歲月
一路風風雨雨
烽火傷疤　苦痛不絕
追進腳步　幸未停息
驅使科學文明

百年勝於千載
專制王朝　相繼湮沒
民本思潮　漸進興起
繁華時代　風雲際會
你我有幸
能與新世同代
共享其豪　豈非
一生鴻福

今日　我們站立在
世紀交替年關線上
告別千禧　歡欣
迎接二十一世紀來臨
願大家　一心一德
智者善其謀

仁者施其惠
勇者出其力
營造地球村裡
祥和盛世
萬福大同

高金鏘

籍貫河北省寧河縣，出生於山東省滋陽縣。國立台灣大學中文系及高雄師院英語系畢業。曾任高雄市立女子高中國文教師。著有「那個人」一書（包括小說、散文、新詩）。另有文學作品發表於報紙、雜誌和選集中。

小港的火焰

小港的火焰
燃燒著
染紅半個天
和月亮星辰比美
如流星掃過
金蛇在飛舞

彎曲的形體繚繞聳動
為生產忙碌
勞工的汗水芳郁

直沖九霄
科學精巧的結晶
工業的重鎮
帶來全民幸福
為它歡呼、鼓掌
為它的永恒讚頌
火燒旺地
港都的榮譽、興盛的象徵
小港的火焰、節節升高
成功的標記

李　冰

本名李志權，大專畢業。曾任教職、記者、現任雜誌編輯。出版詩、散文、小說等二十三部。曾獲文協文藝獎章、新文藝輔導會金像獎及榮譽金像獎、高雄市文藝獎、高雄縣文藝貢獻獎及全國性「五四」文藝教育獎。

蘭嶼映象

獨木舟

海邊的那張臉
用斧頭木頭劈成的臉
用油彩傳統塗抹的臉
是這島底臉
是這族落底臉

是當初老奶奶遺留的繡花鞋
巧巧的　彎彎的
有人說是舟
有人說是船
這都不重要
重要的是這張臉已塑成這島的標誌

島上氣象台

站上制高點
真的很高很高
我們車子是仰臉爬上去
那個沒有假日的氣象員說
藍海在下
青天在上

什麼風呀雨呀都逃不過他的銳眼
雲走過門前
鳥飛過門前
就是看不見西裝革履
所以他天天和自己的影子玩遊戲

青青草原

如果能編個傳統神話什麼的就更美了
這席上帝遺落的茵褥
真想仰臥其上
藍天碧海為伴
做一個陶潛筆下的世外夢
不要摘我庭院百合（註）

不要在這裡栽植生活
告訴你們
我不喜歡玻璃帷幕的世界
因為　我就是我

島的子民

紋著張臉　沒有油膩
裸著陽光啃剩的皮膚
嘴角叼著枝「新樂園」
圍坐在木板小閣台上
看山　看海
談古　談今
就不會談黃金股票的事
把照相機移開

厭惡的都市人
去過你們垃圾污染的都市生活吧
去品嘗觀光大飯店的滿漢全席吧

地瓜　芋頭
魚乾　野菜
永不改其樂也

註：蘭嶼現正推行保護百合花運動。

楊濤

筆名海歌，安徽亳州人。著作有：小說「最快樂的笑」；外傳「紀曉嵐外傳」、「蘇東坡外傳」、「袁子才外傳」、「乾隆與香妃」等。詩集「海歌」、「姊妹潭」「心窗」。藝術評傳：「書藝獵奇」、「畫苑春秋」、「無敵雄辯」等多種。

老馬的畫像

驀然回首，
心河流過的歲月，
蹄花飛揚的滾滾塵龍，
弓隨月影彎，
劍逐霜鋒寒；
咀嚼那
遙遠的一串串

殺聲震天、跳躍火花的日子。
咀嚼振鬣長嘶，
馳騁沙場的驕傲；
咀嚼星霜血淚，
追奔逐北的雄風。
豈甘伏櫪？
而
煙硝已渺，
繁華不再；
就這樣，
就這樣，
蹉跎英雄老去。

時傑華

一個藝文界的小老兵，傳統音樂戲劇舞台上的耕耘者。現任中華藝校教師、國風曲藝團團長、高雄市國樂團文教基金會董事。作品：創作歌劇「劉家寨」、「大港都組曲」、合唱曲「勇敢向前航」等。

嘲弄

時光隧道中，
歷史永遠嘲弄著世人，
不論你扮演何種角色，
終站
總得接受嚴峻的
審判；
那管你是帝王、將相、

販夫、走卒、
皆難逃
歷史的鞭撻；
　　嘲弄；
哈！哈！
是是非非，
非非是是，
真真假假，
假假真真，
說它是也不是，
說它不是也是。
世人皆醉，
渾然無知。
唯有歷史
是一股清流；

唯有歷史
會公平論證，
在歷史長河系
在時光隧道內；
歷史
永遠牽動著世俗心，
歷史
永遠嘲弄著社會人。

周嘯虹

筆名蕭鴻，一九三一年生於江蘇。已出版「周嘯虹自選集」「屐痕」「三十功名塵與土」「悲歡歲月」「歸鄉拾夢」「國劇劇本創作」「馬祖、高雄、我」；曾獲教育部文藝獎、國軍文藝獎、高雄市文藝獎等。現任高雄市文藝協會理事長。

豐碑

扑倒的，和站立的
那些歲月沖蝕得可笑的巨石；
它的刻紋，
竟然是消逝如灰的豐功偉業。
它絮絮叨叨地說：
亙古——也不過瞬息。

落日洒上獵獵的大旗，
馬在嘶鳴，人在咆哮，
天地在憤怒、呼號，
刀槍齊舉之後，
那顆人頭，是——
百戰百勝的西楚霸王。

在鴻圖展現的茅廬，
白帝城無奈地托孤，
鞠躬盡瘁，
保的是個扶不起的鹿豬，
天際大星殞落，
秋風，吹亂了五丈原上落葉。
英雄的淚，
又豈是出師未捷。

策駿馬追奔逐北，
賀蘭山頭飲血；
金牌十二，切斷雲和月的八千里路。
壯懷全付西湖水，
風波亭中鬼哭。

鼓巨浪東來，
在孤懸的島上建起海國
孤臣難為，孤忠誰識；
鹿耳門砲火激起千層雪。
才三十九歲啊！
便揮手從此別。

江上橫槊慷慨而歌，

銅雀台睥睨闊步，
幾把火燒去多少鬚髮？
七十二墓更在何處？
是能臣？是奸雄？
歷史何嘗放過。
逐鹿中原，豈能讓——
天下人負我！

巍然兀立，
一塊光躂躂巨石，
盛唐那位女主，
把功過留與後人說。
不著一字，
任憑你說：是白！是黑！

青史，成灰，
巨石，長眠；
經過千年萬年，
它終將成炭成煤。
是塵歸塵，是土歸土，
誰還念——
塊塊斷碣殘碑。

蕭颯

本名蕭超羣，一九三二年生。著有《蕭颯自選集》、《蕭颯小說選》、《夜話八陣》、《儍話以外》、《裸畫》等。曾獲中國文藝協會獎章、高雄市文藝獎、國軍文藝獎等多種獎項。一九八六年爲高雄市政府編印《大港都組曲》。

詩畫港都

一如攤開稿紙
我攤開嘉南平原
為瑰麗的港都寫一首詩

這首詩裏　有
點點漁火
葉葉歸舟　而

長征的白帆
破浪的艟艨　而
沙灘上張曬的網罟
海灣中嬉浪的人魚　而
蒼鷹凌空盤旋
鷗鳥點水頡頏　以及
劃破永夜
引領迷航的燈塔
盡在詩中

一如舒展畫布
我舒展嘉南平原
為宏偉的港都繪一幅畫
這幅畫裡
有萬壽山的崢嶸

蓮池潭的澄澈　而
龍虎雙塔的倒影
林蔭大道的芳菲　而
修坦平直的街衢
櫛比連雲的樓閣　而
煙囪參差林立
火炬擎舉燭空　而
西子灣浪花的微笑
澄清湖水波的凝眸　以及
一帶蜿蜒的愛河
盡在畫中

盡在畫中
有咫尺千里的情懷
盡在詩中

有如響斯應的共鳴
一衣帶水
塹隔不斷血緣與地緣
總拂不去
總拂不去
銘心鏤骨的故國之思
最最不能釋然的是
中興塔和大雁塔的聯想
仁愛河與秦淮河的遐思　而
萬壽山及泰山的投影
西子灣灑滿黃埔灘頭的夕照
是背風吹淚　抑且是
仰天長嘯
幾時　幾時
幾時撤除這海峽的藩籬

讓港都的詩畫
疊影在那
遙遠而又遼闊的大地上

傅瑞蓮

浙江上虞人，從小就是一位書痴，只要一卷在手，颱風、地震都不會在意。熱愛詩、小說和散文，創作只是玩票，曾爲台灣時報副刊寫過兩年「楊媽媽專欄」。得過青溪新文藝詩類金環獎及台視徵求歌詞獎。

銀婚

集二十五季的春於你的溫柔，
那二十五季夏就屬於你的熱情；
秋！生命中的蕭瑟都隨二十五季飄落的枯葉埋葬，
冬已化為愛的光閃亮在我們的兩鬢。

原是兩個不同的星球，
屬於兩個宇宙；

就在二十五年前相碰，
從此宇宙在我們相握的手中，
世界在我們相依的心底。

生命哦！值得浮一大白，
唱一首白髮吟吧！
杯底的殘餘，那一滴煩惱，那一滴眼淚
倒掉，灑向那白雲青山，
讓那名利的雲從眼前飄過；
願情像青山，永遠佇立，永遠常青。

李向榮

湖南長沙人，退休教師。畢業於屏東師院，文化大學兒研所。高雄市文藝協會理事，大海洋詩刊總編輯。曾獲中國文協短篇小說首獎，台灣新聞報、青年報文學獎，高雄市兒童文學柔蘭獎，青溪文藝音樂、新詩銀環獎。

雪梨鴻爪

（一）

傲視的建築
偌大的競技場
有百餘國的參與
獲得世人
廿億萬隻眼注視
如今都走入了歷史

走入時光隧道
偶而　也有彩虹雀飛來
調侃掃街老者
如果當年不是和北京爭寵
十二億的中國人
決不可能讓它
冷颼颼地
躺在寂寞的西風中

（二）

南太平洋中最大的一個島
人們管它叫澳洲
您可曾聽說
這兒多沙漠
　多乾河

地下水鹹鹹的
還是大英帝國
放逐人犯的地方
曾幾何時
黃金海岸湧進了淘金客
米字旗下的六顆星
富甲一方
哲人有眼光開拓新家園
鄭和公公您當年在忙什麼

沈立

一九四一年生，湘籍，軍校畢，方自公職退休。現爲高市文協理事，在高雄電台主持「老歌」節目及屏東社大擔任講師。鍾情歌詞寫作，作品「杜鵑紅」、「好久不見」、「船過水無痕」、「一夜間我已長大」，橫跨流行與藝術歌曲間，得獎甚豐。

留待一生醉

車座留一位，願君長相陪；
迢迢天涯路，馳騁效于飛。
餐桌留一席，待君共舉杯；
暢飲話別後，離情得安慰。
繡榻留半被，盼君魂夢歸；

儂身將被暖，良夜好依偎。
詩作留結尾，望君巧思維；
吟賦偕同心，祈求若夢寐。
佳聯當成對，詩情多回味；
留住期待留住美，留待一生醉。

雨弦

本名張忠進，一九四九年生於嘉義，一九六四年開始文學創作。著有「夫妻樹」等詩集、詩畫集十種。並獲得國際桂冠詩人協會獎等多種文學獎。現任高雄廣播電台台長。

靈魂之死

在異國的夜晚
我孤寂地走著
像荒野的獵人

幾朵廉價的靈魂
開在夜街的角落
沒有燈光，無須月色

一隻耀眼的金絲貓
來到我面前
她以曖昧的眼
向我問路，並且
探測我的體溫
我好奇的心靈

她點燃一根雪茄
又遞給我一支
我沒抽
只探了探她虛掩的胸脯
她問我是不是警察
我搖頭
她還是放心不下

我才堅定地說不

她帶我到一個神秘的海上
歡渡良宵
我們共坐一艘遊艇
好像是粉紅色
她雖看來很年輕
卻像經驗老到的水手
而櫓是她的最初
也是最後的玩具
我乃忘我地划著
逐著金色的水草
駛入幽暗的港灣
時而搖著高大的椰子樹
時而撫摸豐碩的果實

不，這不是椰子樹
椰子樹是不長果實的

風越來越大
浪越來越急
就在這時候
她的船資要求水漲
否則就遭擱淺
祇是
風越來越大
浪越來越急
我怎能就這樣擱淺
好吧
反正我已在鞋內預藏了
歸去的盤纏

喔！茱蒂
妳是我的最初
也是最後的玩具
或許我將再來
但我會牢牢記得
這裡的椰子樹是不長果實的
而我仍是個過客，不是歸人

林仙龍

台南縣人，一九四九年生，中山大學社會科學碩士學分班結業。曾任海軍眷服處長、監察院機要秘書、高雄市商業會、駕駛員工會總幹事、並曾參選第三屆國大代表，以一萬八九九七票最高票落選。作品以散文、新詩、兒童文學爲主，曾獲選編入國中、國小敎材。獲獎有高雄市文藝獎等各類獎項三十餘種，出版散文集「背後的脚印」等七種。

城市窺視（兩首）

落脚

藉著地下道的台階
寫封信給無辜的風
當黃昏的陰影逐漸走來
我只有慌張的再塗改幾個字

或者編織一些謊言

這一個落腳的地方
足夠我以及殘夜一起投靠
我從來不計較什麼
偶有路過的人
一個一個披著厚重的黑衣
一個一個踩過的步伐
他們不必記掛
都走了

當每一個城市都在爭爭嚷嚷
當每一個城市都在抱怨
不要問我過去的身世
不要問我是乾淨的或是醜陋的

誰知道；每一個城市的角落
為什麼孤孤單單
為什麼都在尋找自己落腳的位置

角落

俱樂部的夜晚有盛大的宴會
黃昏來臨時，富麗的燈光紛紛地睜大眼睛
只是看不見後面矮黑的屋子
歡樂的笑聲很張狂
穿短褲的男人，三字經罵幾句
走到污穢的公共廁所
暢快的撒一泡尿

紳士貴婦們的轎車
一路接壤著

旁邊便是狹窄的巷道
路燈也掉了幾盞
月亮不很圓滿，還有一層雲霧
趕工回來的人
必須側身小心的推送車子

對於一座美麗的都市
這算些什麼
一條黑色的癩痢狗
隱身在暗地裏
不住的，狂吠
轉個身匆匆的離去

黃秋鳳

出生在多陽光的南台灣，忘情且又自我的生活者。喜歡樸素的創作、文字、繪畫、書法、烘焙、烹調、交互生輝，使之成為一種幸福的生命情調。熱愛學習、勤於工作、也教學相長。

詩二題

心情物語

今天
陽光燦爛
明天
細雨紛霏
而
心情　也

晴時多雲偶陣雨
今天
蓓蕾盛開
明天
花兒凋謝
而
心情　也
花開花落又一天

偽裝

冷漠
隱藏一顆熾熱的心
如火

不想，也不願
坦然相對　因為
受創的心
如履薄冰
再也不堪一擊

鍾順文

一九五二年生於印尼雅加達，詩齡二十二年，現任掌門詩社及港都文藝協會現代詩社社長。曾獲中國文藝獎章、新詩創作獎、高雄文藝獎、國軍文藝金像獎及全國優秀青年詩人獎、心臟詩獎等。著有詩集：六點三十六分、放一把椅子、頭髮和詩，散文集：舞衣、H大調。

火與陶土

我們不想再談
最後愛與恨會和諧得像火與陶土
難道還不想忘卻，你
如何去推演每一齣甚至忘了劇情的默劇
甚至不再去理會春天

如何刻意忘懷酷似黑鑽的憂傷
反而夏季一些些剩餘的熱情
提醒我們倒著走鋼索的滋味
不見得刺激和無奈

一陣冰裂撞擊玻璃杯成交響的重奏
也許是某個念舊雨天的記憶
絕堤？洪荒或作愛
其色如喧嘩的旱田
守一夜不出門的寂寞
誰告訴我，你的聲音很悠美
足以打造一把開心的鑰匙
挽回即將寫下遺書的春天

不是兩朵不互信的靈魂

自從信仰被冬天盜賣之後
連結繭的訊息都無法從電桿上搶回
那是內心急於端出
一張足以敲打的鼓面
落點的萬般，才是最大的寂寥

理當瞄了一眼，甚至蒸發了
在無所事事的我們身上
沒有華麗的折射，也沒有反光的理由
做甚麼好呢？
當秋天慵懶地嫵媚河川
我們卻驚醒在島嶼的冷暖之間

驟強的陽光讓人看不清天空的玄妙
需要向酷岳借一付太陽眼鏡嗎？

看清又如何？不如視覺走私
看看風箏替天空畫眉毛
除了美，一種和心靈交換雪崩的錯愕
誰說冰冷生氣之後不流血排汗？
難道以往的凍瘡是另一種謊言？

尤其在我們內心結疤已久的夏季
往往是冰塊惹毛了一起吐血的
那就注意習慣性的情緒感冒
從忘了自己是誰的春天
流行到自戀如影的嚴冬
惟一的呵欠，是留給那座橋收藏

珍惜到我們再度相愛，如不離的籐枝
和諧得讓人喘氣，如千年琥珀裏的蛹

交融得令人窒息，這一切都不是陷阱
如何把自己變成另一個人的影子
在愛情的大黑洞裏
讓草木驚心，金錢失色
我們不想再談火與陶土的和諧問題

溫郁萍

一九五九年七月出生於新竹縣，生性頑皮個性內向。小時候因爲不好意思去隔壁家看電視，在家裡的牆壁上畫畫電視，也畫幻想的劇情，自編自導自演。對文字有特殊喜好，求知慾強，喜歡當學生的感覺。

十一月二十日

我　回不去……
在幽冥時空區隔中
想止住
妳斷線珍珠底淚海
似浴火焚般煎熬
離開的只是這具臭皮囊
難以觸及妳的溫度　望

傳送出我暖暖的關懷
願　永遠守護妳

留不住　喚不回
往日完美軀體　九年了
在哀淒紀念日這天
一切都停止運轉
只要一動　痛就不能自己
若能重來重聚重相守
我定會好好珍惜
與妳聚首的分分秒秒
分分秒秒……

白華

本名林鈴。女性。一九五三年生於台灣省屏東縣。高醫三年制護專畢業，任紅十字會公衛護士一年便返母校從事臨床護理。出版「白衣手記」詩集。在職進修得高醫護理及成大中文學士學位。持續創作中。

菊花石剪影

時間在珊瑚礁上鐫刻自己錯身的位置
考據者說它已經這樣地工作了百萬年
記憶的序列如此才推衍成菊花花形
串疊錯落而綿亙而匿藏在
珊瑚化石任一橫斷的截縫

時間被賦形如洶洶東逝的流水

菊花花影是水域中的槳櫓
撐搖著歲月迤邐前行的長篙
打從匆匆沿著那終南山徑蜿蜒
驚鴻一瞥東籬下陶潛銜杯對酌
隱逸的身姿便從此謀定

是了！在水文間載沉載浮這菊花的花事
緊挨著時間密密連結
從幽禁的夜暗之睡眠的幽谷擴延開來
而不見其邊陲的夢

是了！這菊花的花事唯有夢境
能飛越從珊瑚岩到菊花石之間
虛無的疆界
化石一方從夢境顯現來

復穿越夢境去到伊人掌中
繼續吞吐
時間之海無盡藏的寧謐與沉靜

劉姈珠

筆名筱曉。台灣省嘉義縣人，現從事教職。曾獲全國優秀青年詩人獎、港都文藝獎、婦女文學獎、教育部文學獎等。出版印象詩集、妳收到我傳眞的玫瑰嗎（散文）、牽著你的手（詩）。

都會剪影

之一

每扇流動的窗景
浮貼世紀末華麗的都會剪影
透明玻璃帷幕上
擺盪的晚風
忽而華爾滋忽而探戈
競逐都會貧血的黃昏

一張張像跌停板般的臉孔
恍惚交疊
在鋼骨鷹架縱橫的水泥叢林
穿梭尋找，有關速度極限
以及真實與謊言之間的距離

霓虹燈乍然亮起
尾隨車潮顫抖，停滯，過站或不停
遠方，一片菩提
無聲飄落向晚的街心

之二

昨夜，私闖你封鎖的禁區
門扉輕掩

微風穿越往事如煙的縫隙

我佇立在幽冥角落
等待你轉身
等待你推窗輕喚我的名
久久
只聽見風躡手躡腳走過的聲息
聽不見你風中預留的諾言
原來你早已移防
　　早已撤離

愛情的餘溫
多像泡沫似的都會神話
幕落後
無聲又無息

蔡曉雯

從事安親班數學八年，對文學、心理學、哲學有極濃厚的興趣，深感文字力量的影響甚巨，可以淨化、美化心靈，更可以生活常充滿新意與趣味性，參加文化中心寫作班近四年，踏入文學的領域，同時也是踏進無數個新生命之始。

無明火

極力將失落感的深淵填滿
以固體的液體心情
卻發現另一坑穴在等待
坑穴以外是我
坑穴以內亦是我

為了凡塵俗事

我鑿下更多的鳥中穴
在落與不落間
解讀
心事

生命的地平線

以吾之生命強韌他人生命
以吾之熱情加溫他人熱度
信心源頭是自信的告白
方向卻源自於迷途中的誠實
熱度傳自最冰冷的那端
愛來自恨的寬恕

找不出適當的理由說服自己

只好假裝
那還在噴血的傷口是一道
雷射水舞

生命的厚度

生命是一組魔術方塊
極力想將責任與義務歸位
卻旋轉千百回才達任務

生命的璀璨具備——
長　如大自然賦予的生命力
寬　如海洋之無邊無垠的自在
高　如天地容物

生命才鮮活、生動
富含質感與
「立體感」

大陸紀遊詩草

曾人口

字啓修，一九三七年生於雲林縣。專科學校畢業。性好學，擅書法。詩不分新舊均喜試作。曾任主計、記者、廠長、木材商、高職及專科學校兼任教師等。現執教於社區大學及佛教學院。獲教育部及高雄市文藝創作佳作獎。

雲居寺　五律

法難期能避，鐫經歲月更。萬碑藏一理，六界本無生。
妙筆諸家備，豐功幾代成。琬公心血注，出世反留名。

登石經山　五律

磴躡前人跡，名山石有光。林疏添客影，徑僻轉羊腸。
目極峰腰倚，心空俗慮忘。隨緣惜餘興，回首盼經房。

附記：雲居寺與石經山，有「北京敦煌」之譽。歷唐、遼、金、元、明綿續千載，刻石經千餘片、一千一百二十二部、三千五百七十二卷佛教大藏經而馳名。高雄文藝協會與中國作家協會做文化交流，此爲訪遊首站。謁罷雲居寺，登石經山時，因限於時間，至洞前折返，頗有望寶興嘆之感。琬公，指靜琬。

遼寧作協暨瀋陽文聯邀宴即席賦謝　七律

瀋陽鳥逐太陽輝，秋過渾河暑氣微。心與玫瑰花共映，情同楊柳線相依。
樂山稽考舊遺跡，故國追尋新契機。兩岸一家文會友，開懷客至喜如歸。

附記：太陽鳥是瀋陽之象徵，玫瑰爲市花，柳樹爲市樹，樂山指新樂遺址。

訪富春江嚴光釣臺

知是逃名是釣名，羊裘反襲豈虛榮。客星犯座何須說，世態無常早看清。

參觀龍門石窟

懶分是魏是隋唐，功德屬誰誰考量。佛法無常空色相，窟中造像損何妨。

日軍南京大屠殺紀念館　七律

三十萬民歸一坑，忍觀遺跡氣難平。黃魂地下仇應解，白骨堆前淚欲傾。人性猝然回獸性，哀聲終古雜江聲。石頭城石留龜鑑，同類何堪再戰爭。

夜謁夫子廟（大成殿）　七絕

通微燭遠仰先師，長夜漫漫孰解疑。笑問秦淮河上月，乘桴應可到天涯。

過南京長江大橋　七絕

秋水長天浮大橋，茫茫滾滾湧新潮。古今多少英雄輩，不志宣尼志帝堯。

戲贈周嘯虹團長　七絕

楊柳猶青人白頭，桂花香裡返揚州。率團細認兒時景，淚水盈湖肚裡流。

附記：周團長出生揚州，大陸未開放探親前，離家達四十年，堂上有近百齡之老母，見面即是分離也。

浙江省作家協會宴訪問團即席賦謝　七律

海內天涯若比鄰，以文會友共良辰。桂花香入杯中酒，月色情添席上賓。
誼契今宵欽地主，心連兩岸樂天真。杭州美景雄州客，一醉西湖秋夜新。

附錄

王火

本名王洪溥，一九二四年出生於上海，復旦大學新聞系畢業，大陸著名作家，曾獲茅盾文學獎，作品六百多萬字，已出書二十餘本。一九九九年中國作協訪問團團長。

在台灣十天

一九九九年四月二八日　星期三　陰

大陸作家訪台灣代表團一行十六人今日由北京飛經香港去台灣高雄。行前收到另十五位同事名單如下：內蒙作協主席扎拉嘎胡、〈詩刊〉副主編葉延濱、中國當代文學研究會副會長顧驤、〈文藝報〉副總編李興葉、陝西省西安市作協副主席葉廣芩、〈小說選刊〉副主編傅棠活（傅活）、上海〈文學報〉總編輯酈國義、遼寧省作協副主席范長鈺（曉凡）、江蘇省作協副主席兼〈鐘山〉主編趙本福（趙本夫）、浙江省作協副主席兼杭州市作協主席薛家柱、湖北省作協副主席汪芳（方方）、北京廣播學院文學系教授曾慶瑞、北京女作家畢淑敏、徐小斌、中國作協外聯部副主任鈕保國。

今晨六時離開賓館赴機場。七時半起飛，十一時半抵達香港。從寬廣漂亮的新國際機場出來，預約好的國際旅行社大巴載著我們經海底隧道去香港至金鐘道八九號力寶中心四樓中華旅行社駐香港辦事處換取台灣地區旅行證以便入台。手續需兩個半小時，遂離開到樓下附近餐館進餐。因去台飛機晚上七點半起飛，時間充足。兩點半鐘取入台證後集體乘車游覽香港，導遊是一穿西裝的瘦子，一路講解一些路過的景點，帶大家到購珠寶和相機的商店，又帶大家到超市購物。六十多年前，抗戰爆發後，我在香港住過一個時期，舊印象未忘，但同眼前的香港九龍對不上號，當年的港九沒有這麼多高聳的樓廈，沒有這樣現代的繁華，人口不這麼擁擠，轎車沒有這麼多。原有的雙層電車、過海輪渡都見不到了！海水也沒有當年那麼藍淨了！……

在新機場裡吃了快餐。晚上七點半飛機起飛，在茫茫大海上向東飛往台灣高雄。心裡不禁想：如果「三通」了，哪需這樣折騰費事呢？九時許抵高雄。領取箱子向外走時，在接客處看到高雄市文藝協會已打著歡迎的大橫幅在外等候熱情迎接了，心裡不禁一陣溫暖，來歡迎的有理事長周嘯虹、常務理事楊濤、張忠進、裴源，常務監事李書錚，理事沈立、曾人口、藍善仁、陳麗卿等，監事李玉等，候補理事洪麗玉等近三十人。名譽理事長蕭颯也來了！大家十分高興，紛紛握手。周理事長（蕭鴻）江蘇江都人，一九三二年出生，在新聞界服務并從事寫作四十餘年。他致詞歡迎，我簡單答詞感謝。他拿出活動手冊給我們，上面寫明每日各項活動等極為詳細，并將台灣九張報紙刊登我們訪台新聞的複印件送我們每人一份。這九張報紙為〈聯合報〉（報導兩次）、〈台灣新聞報〉、〈台灣日報〉、〈中央日報〉、〈自由時報〉、〈民眾日報〉、〈民生報〉及〈台灣時報〉。

出乎意外，睡前忽接台北〈聯合報〉副董事長及復旦校友會理事長劉昌平兄來電話，說：「我一直關注著你們來訪的消息，先前打過幾次電話給你，想不到你們到得這麼晚……」昌平待人誠懇熱情，為人真切仗義，過去在復旦新聞系學習時成績極好，人也正派，給我的印象就是如此。

四月廿九日　星期四　陰雨

早晨，〈聯合報〉記者謝梅芬來採訪。

早餐後，按照日程，由周理事長及楊濤、李書錚、李玉、陳麗卿、洪麗玉等陪同拜會〈台灣新聞報〉。

訪問〈新聞報〉後，又訪問〈民眾日報〉社。總經理不在，副總羅松景熱情接待，這才知他是高雄文協的秘書長。午間由〈民眾日報〉在"海天下"餐館舉行海鮮宴會。下午，冒雨遊覽高雄港及旗津，俯瞰西子灣。旗津原為一獨立小島，約在十七世紀，其東南與斷續沙洲連接，泥沙在此堆積成沙洲，因沙洲似旗杆，山似旗，旗津的名字由此而來。高雄港是台灣最大的國際港埠，是繼鹿特丹、香港后世界第三大貨櫃港。據說，高雄今有四個貨櫃中心，第五貨櫃中心正在興建。我們打著傘登旗后山，看到了氣勢宏偉的大海，俯瞰高雄港船隻進出，也看到了遠處中山大學紅色的校舍。周理事長指著一幢白色禮堂說：「那就是文學院，後天研討會就在那里舉行！」山上有古燈塔，保存完好，建于一八八三年（光緒九年）。燈塔為白色，頂塗黑色。附近有古炮台，建于一八七五年間，它的威力呈現在甲午戰爭之后。那時，劉永福的黑旗軍曾駐守此炮台抵抗日寇侵略。

晚上六點，到「老正興」飯店參加高雄江蘇同鄉會宴請，訪問團中江蘇籍的有顧驤、趙本夫等及我，李與葉、酈國義也可以算上海人！同鄉會理事長李志仁及理監事錢銓、朱金鴻等熱情歡迎，賓主晤談共敘友誼，吃的是正宗江蘇、上海菜，聽的是江蘇、上海口音，不禁使我想起了上海的「老正興」。

四月三十日　星期五　陰雨

上午至佛光山游覽。陪同的除周理事長外，有常務監事李書錚。這位老大姐，高雄朋友年長的叫他「大姐」，年輕的都叫她「阿姨」，看得出頗受人尊重。

陪同的還有楊濤（即詩人海歌、〈新文壇〉雜誌社長兼主編）、李冰〈高縣青年〉雜誌主編），陳麗卿、王蜀桂（她名片上寫著「寫報導、傳記，教作文」很別致）、王心華、李玉等。

佛光山位于高雄大樹鄉，是台灣最大的佛教寺院和聖地，揭櫫的宗旨是「以文化弘揚佛法，以教育培養人才，以慈善福利社會，以共修淨化人心」。本來打算不來，但高雄文協竭力推荐，恰又逢佛光山封山時節，對外不開放，卻同意并歡迎我們去參訪，遂決定前去。

這裡幅員廣闊，寺院金碧輝煌，氣象肅穆莊嚴，環境清幽，樹木蔥蘢，使人心曠神怡。天落著雨，寺院環境更洗得清潔乾淨。大雄寶殿在翠柏掩映中紅柱黃牆，脊頂金黃琉璃瓦在雨中閃亮發光。大佛城的接引大佛高一二0英尺。大佛右手舉起，左手低垂。（舉右手為放光明普照眾生之慈，低左手為接引眾生之悲）。大佛四周有四八0尊小型阿彌陀佛塑像圍繞，經過禪法堂，見坐禪僧眾正在修行。參觀了「佛教文物陳列館」，見珍藏的古今中外佛教文物多達數千件。對佛教的歷史、地理、文物都有詳細介紹，并看到佛光山佛光出版社出版的不少書籍，有一套系列叢書中，有一本詳述名僧寒山的書，恰就是薛家柱撰寫的，大家高興，要他拿著書，為他拍照。

參觀完文物陳列館到檀信樓一間大廈裡休息時，突然一位身材高大、慈眉笑顏穿黃色袈裟戴一大串念珠的大和尚來到。他友好地向我們表示歡迎，然後向大家致詞問好，并談及兩岸同根共祖，應多交流來往，并說到中國理應統一。

我接著發言，除從佛家的「緣」字與「禪」字說起，談到我對禪的解悟外，對高僧的友好談話內容欣然表示同意。當時不知為什麼突然有一種想法：宗教的力量很大，佛教的信徒很多，有一些高僧，如請他們到大陸，在南京，為當年被日軍屠殺的三十萬亡靈舉行法事超度，既對不承認戰爭罪行的日本軍國主義分子是一種昭示，也是對世界和平事業的一種捍衛！為什麼不這樣做？

相談甚歡，午間，在檀信樓進午齋，是西式自助餐，素食蔬菜瓜果數十種，任憑選食，潔淨而新鮮。

下午，遊三地門，參觀台灣排灣族原住民文化園區。王蜀桂富于這方面知識，常為我們講解。三地門鄉盛產芒果，主人以香甜的芒果待客。在原住民文化園區，意外地看到給我們送蓮霧的阮百靈。我同他合影留念，這才意識到這里屬屏東縣。

後來，汽車載我們到屏東縣高山頂上的天鵝湖舉行晚宴，此處有陳新旺新辦的「天鵝湖農藝園庄」，木屋迴廊，別有天地。可惜天降大雨，山路險峻，在環山道上奔馳，令我為全車人的安全提心吊膽。晚宴時，屏東市的王進士先生等來對我們表示歡迎并一同進餐。

下山回高雄時已經八點多鐘。天色漆黑，山路險窄，雨中路滑，前邊有一輛轎車開路引道，并用尾燈照亮道路。司機李先生駕駛技術嫻熟，一路平安。回到白金漢飯店，見由台北趕來參加研討會的作家姜穆、張放二位均已來到，互相認識，很高興。張放先生說：「大陸聽說也有位張放！」我說：「是的，就在成都，是四川大學的教授！」

五月一日　星期六　陰雨

今天在高雄市西子灣中山大學文學院小劇場及會議室開兩岸文學研討會。研討會開得嚴肅、認真、務實、友好。八：三〇報到，九：〇〇開始。九：〇〇——九：二〇由中山大學劉維琪校長、周嘯虹理事長、我及鍾玲文學院長主持開幕式。高雄市侯和雄先生來致詞。周嘯虹理事長發言，題為〈兩岸交流，文化為先〉，說：「海峽兩岸的文化，有許多差異，但基本上文字與語言相通，只要能放棄成見與偏見，通過文化的交流，必能化解彼此的歧見而達到圓融的目標。高雄市文藝協會邀請大陸作家訪台，是使他們對台灣的種種能多一份了解，而同行研討，更是提供彼此一個切磋的機會，藉著對文學的熱愛與認知，使兩岸關係向前邁進」。鍾玲女士發言說：「這是中山大學首次舉辦以兩岸文學創作與文學對話為主題的學術會議，很高興與高雄文協合作舉辦這個有意義的活動，非常高興有十六位大陸作家來參加這次會議，會議特色在於進行真正的對話與討論，希望通過真正的對話達到進一步的瞭解。」限於時間，我逐一介紹了坐在會場前三排的訪問團成員，決定將我的講話放到閉幕時說。

上午，研討會共三場，第一場是「兩岸小說」；第二場是「兩岸散文」；第三場是「兩岸詩歌」。大陸地區作家、學者發表論文，由台灣作家、學者作專業講評；台灣方面的論文則由大陸方面講評。其中，大陸方面，曾慶瑞發表論文《兩岸鄉土文學之比較》，由台灣蔡振念講評；顧驤論文為《新時代大陸散文》，由台灣王小琳講評；葉延濱論文為《兩岸詩歌現狀》，由台灣張錦忠講評。台灣方面，姜穆論文為《地域文化與文學的關係》，由大陸畢淑敏講評；黃錦珠論文為《從「文化苦旅」到「山居歲月」——論余秋雨的散文》，由大陸顧驤講評；裴源論文《近代大陸新詩之發展》，由大陸葉延濱講評。聽眾一百數十人，都專心靜聽。

下午，分組討論，小說組由蕭颯主持，大陸徐小斌，台灣朱秀娟、張放、李冰等均發言。散文新詩組由葉延濱主持，大陸曉凡及台灣張忠進、王祿松、鍾順文等均發言。編輯組由鄧伯宸主持，大陸李與葉、酈國義、方方及台灣楊濤、辛鬱等均發言。

研討會開得很認真。有的問題意見有分歧或有爭論本屬正常。例如在詩歌討論中有的分歧是源於對情況不清楚、引用的資料不準確，從而使我更深感加強交流之重要了！

茶敘片刻後，余光中做綜合講評，六組主持人李瑞騰、曾慶瑞、江聰平、蕭颯、葉延濱、鄧伯宸等均發言。余光中最後說：我們這次兩岸文學研討會，是兩岸文學甚至是一般文化的對話。對話並不需要雄辯滔滔，對話需要有人講話、也要有人能夠耐心地聽。

我在閉幕上有較長的發言，大致說：今天參加研討會，感觸很多，首先想到了歷史。一八九〇年發生了鴉片戰爭；一八九五年（清光緒廿一年）甲午慘敗次年，簽訂了可悲可恥的「馬關條約」。中國近代以來的危亡形勢，造成了悲壯的中國文學。在即將結束的二〇世紀裡，中國經歷過萬分屈辱，受過血腥侵略，也有過酷烈內戰。歷經半個世紀的風霜雷霆，佔世界人類總數一／四的受盡苦難的中國人才在一九四九年得以改天換地，站立起來！鳥瞰二〇世紀的中國歷史，實質上是一部追求現代化摒棄落後、貧窮、愚昧與受人欺侮的歷史，是一部探索中華民族的獨立，探索中華民族全面振興的歷史。二〇世紀中國的文學，與中國面臨的形勢無法分割。中國的危急存亡和中國人的渴望進步與富強，使中國文學，一直與民眾共命運。因此我認為研究中國的文學，不能忘掉這段歷史。

談文學的發展與前進，歷來也不能不談國家、民族的前途和命運。去年，一個從海外歸來的老朋友，回去前說：「現在，我看到的是一個與過去全然不同的中國，什麼時候我們曾經有過像今天這樣的一個中國呢？我可以不喜歡某種制度，但我不能不喜歡這個國家！……」二十一世紀可以預見是中國走向民主、富強、文明，實現振興中華理想的新的一百年。一個偉大民族的崛起，必然有繁榮的文化相伴隨。隨著經濟建設和高科技發展，我們的文學應該會更加成熟，走向繁榮，取得新的輝煌。

交流不是交鋒，但真正的交流迸發出一些火花是很正常的。前年，在歐洲我出席了一個國際性的作家會議，曾寫過一首打油詩朗誦，詩名《乾杯》，現在我把這首詩的最後四句獻給今天的研討會：其中的第三句本來是「讓我們為和平與友誼，乾杯吧！」如今我改了一改，成為：

你可以欣賞你的美妙，
我可以保持我的愛好！
讓我們為中國文學的發展乾杯吧！
求同存異把交流搞得更好！

在我結束講話，謝謝大家時，在掌聲中，我感到我的話是有共鳴的。

一天緊張的會議之後，大家都已疲勞。晚間在"祥鈺樓"舉行聯合歡宴，我與余光中、鍾玲、周嘯虹夫婦（周夫人陳春華在《台灣新聞報》副刊室任「萬象・七色橋」主編，筆名江上秋）等同席交談。宴會開始前，由訪問團副團長扎拉嘎胡代表全團向高雄文協及中山大學贈送禮品及我們的作品。周理事長熱情講話後，要我說幾句。我站起來笑著說：開了一天會，大家都累了！我再說出長篇大論，就太對不起大家了！現在把到高雄後有感而發填的一首詞代表我的講話獻給大家：

長相思　訪高雄

出大陸，沐海風，飛經香港到高雄，路曲盼直通。

春光艷，喜相逢，人傑地靈九州同，最感親情濃。

短短的真心話得到了大家的歡迎。

五月二日　星期日　陰雨

雨仍在淅淅瀝瀝。

早餐後，離高雄赴阿里山遊覽，來送行的朋友不少。天下雨，午餐後，抵阿里山，住高山觀光旅館—阿里山賓館。打電話到成都家中告知行蹤，美元一元換台幣三十一元，用十美元打了一次電話。

阿里山脈位於台中盆地，主脈阿里山在嘉義縣吳鳳鄉，海拔二六六三公尺。山景頗美，尤其是森林，雄奇壯麗，樹木粗大，古樹極多。下午，打傘逛山欣賞「姊妹潭」等名勝，並在賓館下方附近集市似的小攤小店群集處購買旅遊紀念品，物價貴，下雨很傷遊興。到阿里山觀看日出本是一種嚮往，但看著陰霾的天，估計明晨觀賞日出的可能已經不存在了。

晚間，與團內一些同事交談。我們這個團的男女同事，都是活躍於文壇有過好作品的作家、詩人、評論家和專家學者，而且許多均是各省市自治區作協的頭頭，北京、上海的文學報刊的老總，還有中國作協部門的負責人，才子、才女不少。大家互相都能關心、照顧和支持，都能識大局顧大體，誰也不多計較什麼小事，所以團結得很好。一路上，年輕一些的都提箱子、拎重物，有的還怕我跌跤，常扶著我，使我感動難忘。

睡前想看電視，但阿里山只能收到三個台，看不到新聞節目，匆匆寫下日記服安眠藥睡了！

五月三日　星期一　陰雨

清晨，果然未看到有名的阿里山日出。我不禁想：這比泰山的日出怎麼樣？這比峨嵋山金頂的日出又怎麼樣？反正，到了阿里山沒看到日出總是一種遺憾。

我們的汽車離開阿里山先向東行。不久，就看到有名的玉山了。我知道這座山，不僅因為它是台灣的高山，還因為玉山頂上有于右任老人的銅像。他生前遲暮時寫過感情豐富的思鄉名詩：「葬我於高山之上兮，望我大陸。……」去世後，遂立銅像在玉山之巔，遙望大陸。但銅像建立曾遭台獨份子砸壞過。天，下著細雨，氤氳的霧氣瞬忽將玉山裹得看不見了！我們停車四面看了一看，拍了照片，又上車向北，直奔久已知名的日月潭。

日月潭位於南投縣，是台灣最大的天然大湖，潭水海拔七四八公尺，周圍皆有山環抱。潭心有島嶼名稱光華島，過去島北因潭形如圓口，稱日潭，島南形如弧月，稱月潭，合稱日月潭。現在是全省最大電力資源的水庫，因潭面升高，島之南北汗漫連接，日、月兩潭合而為一了。

午餐後，遊日月潭。潭水澄碧，堤岸蔭濃，波色水光，怡人心情，雇汽艇登光華島遊覽，見到的台灣遊客都極友好。可惜暴雨來臨，無法再遊覽，草草收兵，褲鞋盡濕。原以為台灣五月天熱，箱子裡帶的多是短袖T恤一類夏衣，實際來後天天陰雨，且正規場合常常需穿西裝打領帶，帶的夏衣基本上未穿用。

在日月潭，住涵碧樓大飯店。這是個很好的湖畔度假飯店。後來，雨稍小後，坐車沿環潭公路參觀了文武廟等景點。文武廟將孔子與關羽合祀在一廟，取「崇文重武」之義，故此得名。有大牌坊及三層樓高的廟宇，山光水色，雕樑畫棟，有神秘空靈的氣氛。

晚上，在涵碧樓餐廳進餐，名菜是「明湖潭蝦」（生長在日月潭中高冷純淨水質中的湖蝦，酥炸而食）；「清蒸曲腰魚」（味與武昌魚相似，魚狀也類似）；「奇力魚」（日月潭中一種拇指般大的小魚，酥炸而食）等。

晚飯後，雨停歇，雖路面濕滑，大家結伴出去遊逛，並呼吸新鮮空氣。我因視力不好，怕跌跤，在房中看電視。電視放的是《還珠格格》中演「小燕子」的趙薇不久前訪台的專題紀錄片。

五月四日　星期二　陰雨

仍是陰雨，似乎日內還看不到太陽。

早餐後乘車赴台中。途經草屯鎮，參觀手工業陳列館。這是一座逐層向上開展的四層樓建築，內外壁通做純白色，有陶瓷、玻璃、石材製品，也有木製品、纖維製品、竹籐製品及家具製品、金屬製品、珠寶……許多陳列品均製作精美。樓下有紀念品服務中心，可以購買一些小紀念品。

中午，在台中有宴會。當地林柏榕先生及黃敏恭先生等來熱情表示歡迎並敬酒，談得很高興。

台中是一個很繁華、也較現代化的城市。下午參觀科技館，與許許多多中小學生一同觀看天文、地理幻景，情景有點像坐在北京天文館裡。

接著，到台中市德化路六〇七號洪圓紀念文化館參觀。主人洪錫銘是位了不起的私人收藏家，從他父親開始，就收藏頗豐，他繼承父志又收藏了幾十年。收藏館有八層以上的高層建築，裝有防盜等設備，有自動電梯，每天下午五點半，全部門戶會自動關閉，他的這個私人文物館，從古玩到字畫，從古玉到銅器、陶瓷，收藏豐實，精美絕倫，很值得一看。參觀時，才知四月裡，前文化部副部長王濟夫率團訪台時，曾到此參觀，在樓梯上摔了一跤，因心臟有病在台去世。我們參觀也走這個樓梯上二樓，大家怕我摔跤，一直關心攙扶，使我感動。其實我很注意，是不會輕易摔跤的。

晚宴在「新天地餐廳」舉行。當夜住台中市公園路敬華飯店，設備等均尚好。

五月五日　星期三　陰雨

由台中至台北，公路行車兩個半小時。住中山北路二段一二二號富都大飯店。

上午十時到台北市羅斯福路三段二七七號九樓，與中國文藝協會座談。理事長饒曉明（魯稚子）、秘書長王吉隆（綠蒂）、資深作家張放、《聯合報》記者江中明等都來此等候，八十多歲的老作家尹雪曼也來了！他們在換屆選舉，許多人整夜未睡。

進行座談交流後，午間由中國文協宴請。

下午，在台北參觀故宮博物院，限於時間，主要我只看了玉器、瓷器兩部分，而且是走馬看花。這裡珍貴國寶不少，琳瑯滿目，一只六摺大屏風，全部銀鑲翡翠，尤其令我嘆為觀止。這屏風原是故宮寶藏，抗戰時漢奸汪精衛為向日寇獻媚，將它獻給了日寇。抗戰勝利後，才從日本追繳運歸的。兩位有專門知識的女士，文質彬彬，儒雅有禮地分別專門給我們作了很好的講解。

晚六點，到台北市天母忠誠路二段一八0號的「法樂琪」西餐廳吃法式大餐。「法樂琪」是個挺高級的去處。法國紅葡萄酒，配以蘆筍冷盤、濃湯及炸魚、炸蝦或羊排、鵝肝醬之類，佐以生菜、蕃茄，早已知名的女作家丘秀芷及兩位先生、一位小姐宴請（我的一盒名片，已經用完，未能同對方交換名片）。深知丘女士是受尊敬的台灣抗日愛國詩人丘逢甲老先生的後人，我忍不住在同她談話時誦出了以前記在腦海中的丘逢甲寫的那首名詩《春愁》：「春愁難遣獨看山，往事驚心淚欲潸，四百萬人同一哭，去年今日割台灣。」

陪同丘女士那位小姐剛從德國學成歸來，文靜而睿智。宴會上，大家談得很愉快。丘女士幾次到過大陸，還到福建尋根，說以後還要回來。她說，因為忙，寫得少，但有一本文集將要出版。我誠懇地說：「希望以後常讀到大作。」

晚餐後已八點，回富都飯店休息，服務生送來一厚疊電話通知單（有一些親友打電話找我），還有一信，拆開，見是昌平的：

「洪溥兄：不知你們今晚晚宴情況，如果你及鄺國義、李興葉二位能抽身前來參加復旦校友大會和晚宴，熱烈歡迎。請聯絡，如可，則派車來接。

昌平　五月五日下午」

附來的紅色請柬上寫的是大會在下午五時卅分在敦化北路環亞大飯店二樓國際大會堂舉行。另見新出的《復旦通訊》三本。去參加已不可能，將《通訊》分贈鄺、李二位，轉達了昌平的心意。

台北夜市熱鬧，過夜生活的人多，大街小巷五顏六色閃爍的霓虹燈整夜不熄。夜十時，中國文協理事長請大家參觀台北書店（許許多多家大大小小的書店均集中在這一條街上），並請大家吃夜宵聊天。

尹雪曼、蕭颯、張放、向明諸位均來富都大飯店看些大陸的朋友。蕭颯是特地從高雄趕來送行的，盛情可感，他一九九0年在高雄任中國文協南部分會值年常務理事（理事長），一九九五年曾邀請大陸中國作家協會組團訪台。一九九六年應大陸中國作協之邀，曾以貴賓身份列席第五次全國作家代表大會，可惜那時我們不認識。

到了台北，就想到了張香華、柏楊夫婦，春節時曾收到過他的信，來台北理應看望。但因時間緊，已無從找機會見面為歉。

五月六日　星期四　陰雨

上午，依然落雨，大家去遊陽明山，台北有親友或需處理私事的可以自便。昌平來看望，見面很高興。他有司機驅車陪我訪了三處親友，然後又送我回來。

認識了醒吾商專校長、教授，明達大學董事顧建東，並認識了其弟醒吾商專及醒吾中學的顧懷祐。顧建東校長，江蘇鹽城射陽人，是顧驤的堂兄。他不但在台灣熱心辦學從事教育事業，且在大陸熱心辦教育，為辦學常辛勞來往大陸。他為人豪爽好客，博學仗義，年已古稀，但精神矍爍。下午一時，我們坐車到三民書局（一多層建築物），因顧校長慷慨建議請大陸作家到此處自己選取要的圖書，不限量，以能帶得動為限，全部書款概由他付。好書很多，大家在類似購書中心的大書店內樓上樓下瀏覽挑選，都很克制。我選了一本關於南京大屠殺的書，作為紀念，自己在扉頁上寫了「一九九九年五月六日訪台灣時顧建東校長贈此書於台北」。

下午兩點，乘車到林口的醒吾商專參觀。

顧建東校長以隆重的香道和茶道招待。參加了「四序（春、夏、秋、冬）茶會」，給人風雅、不凡的感覺。品茗後，參觀學校。學校規模很大，環境頗佳，管理有序、設備齊全、校園整潔、學生精神面貌極好。我三八歲時做過省屬重點中學校長，從這些方面可以衡量出學校質量。

隨後，在醒吾商專大樓前合影留念，照片迅即洗出分贈大家。

步入聚會大廳，看到書畫家正在揮毫繪畫寫字。顧校長說：「各位看到哪幅畫好，就請自選帶走。」他是位有心人，他早已親自將訪問團成員每人的名字撰入對聯，請名書法家唐秉政寫成對聯贈給每個人。贈我的對聯為：

洪化育才文載道，

溥德福仁愛博情。

全團只有「扎拉嘎胡」的名字無法分開列入對聯，因為這位內蒙古作家協會主席的名字四個字就是個整體，無法拆開，就是拆開了也無法化入對聯的。這難倒了顧校長。

惜別晚宴就在醒吾商專餐廳裡擺了多桌酒席，台上正面貼了「歡迎大陸中國作家訪問團」的紅色大字，來的賓客都是台北各界名流，蘇北各地同鄉。宴前，前不久剛遊大陸歸來的郝柏村先生來了！在會客室內聊天。我問他回鄉訪遊情形，他問我目前出版及出書情況，也問我們是否曾到台灣農村看看。談話氣氛和諧、友好。晚宴開始，我的一桌有郝先生和孔孟學會會長李奇茂、雜誌事業協會理事長卜幼夫、營建管理協會秘書長孫光、東南八省市旅台鄉親聯誼會總會長汪英群、大法官董翔飛、商業總會常務監事胡慎之等等。首先，郝柏村先生致詞表示歡迎及惜別，提出兩岸應多作交流。他講話後，我致詞對東道主及來賓表示感謝，對郝先生說的多作交流表示欣賞。最後，我說：「李白有詩：『桃花潭水深千尺，不及汪倫送我情。』我今晚想，這兩句詩可以改為『日月潭水深千尺，不及台北送我情。』……」以此作為結束。

我不會喝酒，敬酒時以飲料代酒，說「酒是假的，情是真的！敬大家一杯。」盛宴至晚八時半結束，回富都飯店。

由於明天要離台北，今晚安排的是自由活動時間。周嘯虹、李玉與〃雙麗〃周到地專門設了一個房間，備有飲料、小食品與大家暢談敘別。高雄市文藝協會與中國作協素有往來，兩年多前曾相互組團參訪。去年九月，高雄市文協訪問團以周理事長為團長的十四人曾赴大陸在北京、瀋陽、南京、揚州、杭州等地訪問，並在瀋陽、南京、杭州各舉行三場座談。趙本夫、薛家柱均接待過他們，都是熟朋友了，我們團這次是來回訪的。

周理事長贈我大作三本：散文集《三十功名塵與土》、《歸鄉拾夢》，小說集《悲歡歲月》。人說他的作品一如其人，以平實、真摯為其特色。一路同行，與他相處，確有這種感覺。他說寫作是他的最愛，所以無怨無悔爬了五十年的格子。我也是個醉心於寫作的人，因此我們相處不似新結識，都有一種〃老朋友〃似的感覺。

明天就要結束訪問離開台灣了！來此後深感台灣同胞都是骨肉同胞、手足兄弟，交流互訪符合共同願望。我們的訪問是成功的！這次訪問要感謝高雄文協的邀請與安排。雖僅十天相聚，但彼此情誼深厚。因為我們都是中國的作家！這次相聚，將留下永久的記憶。尤其是全程陪同的周理事長、李玉先生和陳、洪兩位女士。他們都真誠熱情、坦率謙和，既是文友，又是主人。對我們的照顧和關心，盡心盡力。十天裡，大家像融化在一個集體中，將要分手，真有捨不得的感情。

五月七日　星期五　晴

我們要離開台灣了，天卻不下雨開始放晴了！

早餐後，仍坐那輛我們由高雄坐來的大型旅遊車到機場。途中，周理事長用麥克風講了一番深情惜別的話。我掏出前天夜裡臨睡前草就的一封感謝信念了一遍。我講話都是即興，不喜歡預先打好稿子唸。前夜怕昨晚惜別宴上講話時不要因為匆忙遺漏了什麼，所以寫了個草稿。但未料到惜別宴上竟沒有同高雄文協對話的機會，因此這稿未用。現在，卻用上了！

我說：高雄文協這次邀請我們訪台進行文學交流，工作做得很好。「五一」的研討會是成功的。台灣報上說：「這是兩岸作家和學者在台灣南部的第一場文學盛宴，透過雙方的交叉評論，期望為兩岸的文學思想凝聚焦點，對激發兩岸文學界思潮的互動具有莫大意義。」「與會者皆是兩岸文學界的一時之選。」我們到台灣，見了不少文學界的老朋友，也交了新朋友，遊覽了名勝，由南到北，得到了很好的接待。我們帶了大陸作家的感情來，也帶了台灣作家的感情回去。讓我們為血濃於水的未來祝福！……

我後來將草稿留給了周嘯虹理事長，字跡潦草，但有我代表訪問團全體同事的誠摯心意。

到機場下車時，我走上前去同司機李先生握手告別，說：”這麼多天來，從高雄到此地，你為我們一路開了平安車，謝謝！“

上機分別時，我們與周理事長、李玉先生及陳麗卿、洪麗玉緊緊握手分別並擁抱，我看到了他們晶瑩的惜別淚水……

再見！親愛的高雄文協的兄弟姊妹們！

再見！寶島台灣！

——原載「四川文學」（節錄）

薛家柱

一九三八年生於浙江寧海，杭州大學（現浙江大學）中文系畢業，大陸一級作家，兼擅小說、散文、電視劇本，作品質量均有可觀。一九九九年中國作協訪問團團員。

盈盈一水文作舟

一年一度又屆中秋，西子湖畔的桂花又香滿大道。在這東方的傳統節日裏，多少中國人都會迷失在月光和燈影的夢幻境界中，沈醉于月餅和桂花酒的甜香裏，心裏在呼喚團圓、團圓！多少華裔迫不及待地要歸去、歸去！快去與親人團聚。

很難忘前年的中秋節，在西子湖畔與高雄文藝協會的朋友們相聚在杭州。那天晚上，月白風清，碧天如洗，圓月如盤，兩岸文友相聚在西子賓館的湖畔友誼廳，舉行中秋詩會。帶著濃濃桂子清香的秋風從窗外吹進，每人呷著龍井嚼著藕片菱角，在朦朧燈影中分不清你是杭州人還是高雄客，大家同一樣膚色、用一種語言在喁喁談心。杭州作家最關心的是前天臺灣島上發生了大地震，高雄作家們人在異鄉一定焦灼異常，因此紛紛圍上來慰問。客人們卻坦然相告；

當天都已同家中通了電話，地震對高雄影響不大，叫我們盡可放心，他們在浙江觀光訪問的日期照舊不變。

良辰美景，賞心樂事，引得大家詩情勃發。臺灣文友的古體詩詞，大陸作家的現代抒情，妙語如珠從每顆詩心湧出。一首又一首，爭先恐後登臺朗誦。嘯虹先生自稱從不寫詩，卻即興誦出令全場擊節讚賞的絕妙好詞。

嘯虹（筆名蕭鴻）先生是我的老朋友了。一九九八年十月，以他為團長的高雄文藝代表團訪問中國作協時，曾專程從北京來到杭州，與浙江作家進行座談。我在那次會上認識了他，相晤甚歡。我知道嘯虹先生五十年代初已在臺灣文壇嶄露頭角，是一位資深的作家和報人。四十年來，先後出版了〈周嘯虹自選集〉、〈三十功名塵與土〉、〈屐痕〉等作品近千萬字。而且他豐儀偉岸，笑容可掬，有極強的組織能力和交際本領。正如他朋友揄揚他說：「尤其辦事能力之強，不管紅、白喜事和壽誕之類以至競選活動，這總幹事非他莫屬，除了他策畫周詳，考慮周到外，尤其待人接物熱情，難怪有那麼多人爭相禮聘他屈就擔任此類總幹事。」

此言不誣，前年春天，中國作協代表團赴台參加「海峽兩岸文學討論會」，我有幸成為團員。主辦此項盛事的竟是高雄文藝協會，可以想像嘯虹先生的擔子有多重。臺灣的文藝社團大多是群眾組織，經費需自行籌措。嘯虹兄要接待大陸如此檔次的作協代表團在臺灣開會、旅行、遊覽，全部行程要耗費多大財力和精力。但嘯虹兄以其出色的公關能力把事情辦得井井有條，遊刃有餘。

「五一」節那天，規模盛大的"海峽兩岸文學討論會"，在中山大學隆重開幕，兩岸作家進行充分坦誠的交流。大會閉幕後，嘯虹先生親自率高雄作家數人，陪同大陸十六位作家從南到北遊覽高山族住地、阿里山、日月潭、台中、臺北等風景名勝區，行程十天。嘯虹先生事必親躬，巨細靡遺安排得非常周到。並在我們不知道的情況下為我們買了保險……事後，浙江籍的臺灣著名詩人辛鬱感慨地說：「蕭鴻這麼做，要冒多大的風險啊！換上別人絕對不會幹這件吃力不討好的事。」他為的是什麼？是為了促進兩岸的文化交流啊。

所以同年中秋節，他又率團專門到浙江進行文化交流來了。短短一個多星期，訪問了紹興、寧波等地，還參加了紹興東浦的黃酒節。酒鄉捧出窖藏幾十年的陳年老窖，宴請骨肉同胞，盛情厚誼醉倒這群寶島騷人墨客。

打這以後，嘯虹先生與大陸作家的關係更為密切了。差不多大陸作家代表團均由高雄文藝協會接待，這成了臺灣文壇一大風景線。除了諸多客觀原因之外，高雄文友的熱情好客，嘯虹先生辦事的務實、幹練也是決定因素。因此，周嘯虹在大陸作家有「海峽虹橋」、「文化使君」的美譽。

特別對浙江，嘯虹先生更是情有獨鍾。開初，我不明內裏；到了高雄，在一次座談會上幸遇〈臺灣新聞報〉副刊女編輯。名片上寫著「陳春華」，邊上有位先生介紹：「她就是江上秋，出名的才女，擅寫極短篇和散文」。〈新聞報〉副刊名曰「西子灣」，與杭州的西子湖一字之差，因此我與她談笑風生極為投緣。在風景區遊覽時，走過來嘯虹兄：「來來！我給你們拍一幀合影吧，你們是同鄉，都是寧波人。可惜春華她從沒到故鄉去過……」我這才知道春華女士竟是他的太太，從此他們倆對我以「鄉長」相稱。這種特殊的鄉誼，更拉近了我們的距離。我一再邀請：「歡迎你們多來浙江走走，春華女士更應回家鄉看看。」春華也說：「是喲，雖然我出生在臺灣基隆，寧波畢竟是我夢中家園，很想回去看看。只是報紙編務繁忙，實在不太跑得開。另外嘯虹頻繁往返於海峽兩岸，難得在家。我要全力支援他這一有意義的工作。待我退休後，一定回家鄉探親訪友。」

今年初，春華女士終於從報社退休。她想做的第一件事就是陪夫君回蘇北老家祭祖，再回祖籍寧波探親。當他們伉儷倆途經杭州返台時，我們杭州文友既為他們接風又算是送行。席間，歡談不盡，聊他們此次回鄉的感受，談及將來進一步開展交流的宏願。這次中國作協還專門邀請他們倆去北京，具體商議實施方案。他們當然更鍾情和浙江開展文化交流。去年，剛接待過浙江作家代表團，今年秋天準備再度組團來浙江觀光遊覽。

中秋節前夕，我接到他們夫婦倆從高雄來信。春華女士在信上動情地說：「家柱鄉長：杭州歡敘，當時的愉悅笑聲猶然在耳畔回響，也讓我格外體會緣份的神奇。猶記嘯虹初接文藝協會時，我其實並不以為然。因為我一直期待他能夠在退休後專注於寫作，彌補多年來因為謀生而流失的創作時間。然而，三年多以來看到兩岸朋友因交流而產生的良好互動，甚至結交到能夠交心的知己，也無法再無動於衷了。像我這樣一個一九四九年出生在臺灣的中生代，即使可以想像，卻也難於深刻理解十六七歲就離鄉背井如嘯虹者他們的家國之思；而這些年目睹他為兩岸文友搭橋之盡心與樂在其中，的確讓我更進一步明白這種情感的深沈……」

是啊，山相連、水相連，盈盈一水隔不斷；人相連、心相連，文藝的飛舟已衝開萬重波濤……人人均盼中秋明月圓，中華一家大團圓也只是時間問題，讓我們張開雙臂迎接這一天的到來吧！這是我也是嘯虹兄嫂的最大心願。

——原載「海峽情」

畢淑敏

北京著名女作家，中國作協會員。一九九九年中國作協訪問團團員。

熱情有勁台灣人

王蜀桂女士，先請你原諒。我把你的一本書的名字——〈熱情有勁台灣人〉借來了，成了我的這篇回憶台灣之行的文章的題目。因為我再也想不出更好的題目來形容你在我腦海中的印象。

當我們回想某處地域的時候，我們通常想到的是那里的風光，如果只是想到那裡的風光，如果那裡不是人跡罕至的荒原，那就說明了旅遊者的孤獨。孤獨未嘗不是一種優雅的旅遊狀態，但我更喜歡的是在回憶的時候，憶起在旅途中新結識的人，人是永恒的變化，好像一束響亮的追光，打在風光之上，那風光有了颯颯的動感和淼淼的生氣。

大陸作家代表團在高雄的日子裡，王蜀桂女士一直伴隨著我們。她個子不高，一張圓圓臉總是快樂地微笑著，使人想起丰收的燦爛的甜橙。記得到達台灣的第二天，在高雄的海邊，大海翻滾著，不安地攪拌著天地。斜拉的雨絲中，我問她，你做什麼工作呢？

她說，我在家。照料家務，也開辦一些語文的補習課程。

那一刻，我突然覺得和她很親近。因為在我的內心，一直有個願望，甚至可以說是美好的固執的願望——就是期待有一段生命時光，能夠專心一意地呆在家裡，做家務，閑暇的時間就請一些孩子來，為他們補習功課……

這願望從來沒有對人完整地述說過，因為每逢我剛說到——我很想總是呆在家裡……就被人打斷了，說這麼多年以來，你不是已經一直呆在家裡了嗎？怎麼騎著驢找驢呢？弄得我難為情起來，後面的話就沒有勇氣說出口來了。

看到蜀桂沖淡平和地描述她的生活狀態，我突然就有了深刻的知音和某種早就相識的感覺。在心理上，和台灣的同胞的親情，在這一剎那彌散融合。你想啊，平日我們走在街上，看到和自己選了一樣背包或衣著的人，都要平添一份親切感，你突然在遙遠的地方，看到一個人把你心中為自己勾勒的生活圖景，明確地上演了并扮得有聲有色，你是不是會有一種故舊的重逢和貼切的感動呢？

說實話，頭一天夜半，我們進入高雄的時侯，心中真是彌動著很奇異的感受。每一家店鋪招牌上的漢字，你都認得，它們連成一片，你卻覺得那樣陌生，彷彿看到的是一場電影中的布景。第二天同台灣的作家們交流的時候，心中也很謹慎，試探著前行。但在高雄海邊的那一刻，我心釋然。正如在海峽兩岸研究會上，余光中先生所說，五十年的隔絕，抵不過五千年的文化。

嗨！大家竟有那樣相像的地方。

我問蜀桂，你教的學生，是從多大到多大呢？

她笑笑說，從小學一年級到預備大學聯考的學生都有。

要不是初次見面，把持著基本的禮儀，我幾乎要佩服得驚呼。平平淡淡的一句話，你就可以感受到面前的這位女子的襟懷。她的學養和自信，她的淵博和穩定。

我發愁地說，年齡跨度這麼寬，大的大來小的小，相差十歲不止，你可怎麼安頓他們呢？

蜀桂說，通常我會把時間岔開，如果學生們的時間碰到一起，也沒什麼，我對他們各自輔導，彼此并不干擾。這些年來，我的學生總是滿滿的，大家傳來傳去，我的口碑還不錯吧。有的一家幾個孩子，前赴後繼地在我這裡上的補習……我很喜歡大陸的簡體字和拼音，常號召學生們學習……

我深深地嘆服。作為母親，我知道一位老師能在家長和孩子們的心中，享有如此高的聲譽，那后面是怎樣的勞累和深度的敬業啊！

在高雄的日子裡，蜀桂從黎明到深夜，一直陪伴著我們。在顛簸的汽車上，她為我們充當山地原住民風俗的解說員，并自己付錢為我們代表團的每個成員，贈送了山民的紡織品飾物——一枚可掛在脖子上的花袋。我挑了一個黑白紋路的，蜀桂說這是卑南族的吉祥圖案。我們天天在電視裡看到的那個歡騰跳躍的女孩子——張惠妹，就是卑南族酋長的女兒。從此，在台灣旅行的日子裡，我們代表團的團員，就有了一個顯著的標誌——每人的脖子上都有一件獨特而美麗的飾物。

說到台灣的風土人情，蜀桂真是如數家珍。我說，你是本地人嗎？她說，你看我的名字啊，我是大陸人。生在大陸，祖籍是陝西的。但我來台灣很多年了，在我的心裡，我覺得自己就是一個台灣人。

蜀桂一九四七年生，陝西省城固縣人，世界新專編輯採訪科畢業。曾任教師，從事報告文學的寫作多年，擅長發掘台灣鄉土人物的生命故事。

看蜀桂的書，你好像跟隨她很有彈性的步伐，撥開蝴蝶蘭的花朵和葉子，在海風中，走入台灣普通人的生活。

這裡面有智障教育的拓荒者，有現代媽媽環保義工，有流浪漢溫暖的家，有永遠的三鐵皇后，有「炒熱」母親節的人，有新鮮的行業——聞臭師，有快樂的傻子，有研究台語發音的人，有洋人的「超級顧問」，有儲存精子的專家……

哈！怎麼樣？光看看這些題目，你就眼睛發亮了吧？你就知道王蜀桂女士在寶島的足跡和工作，涉獵到了怎麼樣廣泛和細膩的科目了吧？

蜀桂深情地說，台灣是我的青鳥。

蜀桂領著我們游歷南台灣，終日忙碌著。她請我們到她朋友的櫃台上，喝鮮榨的果汁。我們說，吃的飽飽的，就不喝了吧？蜀桂說，你們好不容易到了台灣，要利用一切機會，全面地了解這塊土地啊。

清涼的果汁下了肚，蜀桂的情誼也常留心中。

回到北京後，我特地到了一家專門售賣教學輔導參考資料的書店，對服務小姐說，我需要一套全面的語文輔導資料。小姐說，我們這裡資料很全，你要哪個年紀的呢？我說，從小學一年級到高中三年級，全要。小姐狐疑地看著，疑惑自己聽錯。我只得又重複了一遍，她才幫我找去了。

我把厚厚的一疊資料寄往台灣。在心底，期望著蜀桂的家庭課堂辦得更好。

在本文的結尾處，我又要請蜀桂原諒了。我要把她最近給我的信摘引一小段。

「台灣的未來，是好？是壞？大家都不知道……我最近在研究台灣少數民族的織布。由于這方面一直被大家忽視，對我來說空間極大。另外，我想寫一系列農家飼養家畜的故事，因為這和傳統飼養法完全不同。所以今年以來，我比前兩年用心寫報導……」

蜀桂是認真和努力的。願寶島和平。

——原載「日月潭情思」

林海蓓

青年女詩人，浙江作協會員、中國散文詩學會會員。二〇〇〇年浙江作協訪問團團員。

訪台散記

七月五日至十四日，我隨同省作家協會副主席汪浙成為團長的浙江省作家代表團應台灣高雄市文藝協會邀請，到台灣進行交流訪問。短短數日，寶島人血濃于水的骨肉親情，寶島美麗的風光，保存完好，獨具特色的人文景觀，都給我們留下了深刻的印象。

賓至如歸

我們一行十二人于七月五日上午離開杭州途經香港，于當夜八：三〇抵達高雄。

下了飛機，走到機場出口，我們一下子怔住了，只見出口圍欄上掛著「歡迎浙江作家協會訪問團」的橫幅，一群白髮紅顏的長輩真誠地對著我們微笑、招手。飛機晚點了，仍有十三位台灣作家餓著肚子接機，等待我們的到來。

大家在機場合影留念後，就上了早已等候著的空調車。路上，一位老人不斷介紹接機的台灣作家，介紹高雄的夜景，關心地問大家是否適應當地的氣候，並希望通過這次訪問，建立更加深厚的友誼，為以後建立更廣泛的聯系打下基礎……在介紹中我記住了他的名字——高雄市文藝協會理事長周嘯虹。

在彼此問候的同時，大家也感嘆，如果是三通的話，早上從杭州出發，應該到高雄吃午飯的。

車子很快就到了尊龍大飯店。飯店董事長高國雄先生不但為我們接風洗塵，還給我們每個房間擺放了鮮花、水果，使人有一種回家的感覺。我覺得大陸與台灣的距離一下子縮短了。

五十年，五十年的隔閡，五十年的猜疑，好像在這一刻解除了，畢竟大家都是黃皮膚、黑頭髮、黑眼睛的炎黃子孫。在台期間，雖然對方藝術家大都有自己的職業、工作，但每天都起碼有六、七個人不辭辛苦，不顧年齡地陪著我們，讓我們感到像是遇見了多年未見的老友，熱情而友好。

在台期間，大家不僅交流了兩岸文化、文字方面的看法，也使我們在各方面了解台灣，了解台灣人民，了解了台灣的過去與現在。

最南、最高、最美……的台灣

在台灣的日子裡，周嘯虹理事長等台灣作家陪著大家走遍了高雄市的東南西北，領略了美麗的日月潭，遊覽了繁華而文化氣息濃厚的台北。

寶島最南端的三水交界的鵝鑾鼻公園，墾丁國家公園，號稱小西湖的澄清湖、收復台灣的民族英雄鄭成功的「延平郡王祠」、「赤嵌樓」、「安平古堡」以及清代第一座西式炮台——「億載金城」，國父孫中山紀念館、故宮博物院……游履所到之處，無不使大家感到「遙遠的熟悉」、「新鮮的親切」。

在鵝鑾鼻公園，這個寶島最南端的公園，因為天氣的緣故，大家在颱風雨的間隙中，匆匆拍了幾張照片就匆匆回到了車上，而因颱風，我們卻看到了彩色的大海，從遠處的蔚藍，到近處的淺綠，再到眼前的混黃。大海以其豐富的色彩使我們這些早已見過海的人也大飽眼福。

墾丁公園給我們留下深刻印象的還有它的科普教育形式。公園管理處有對公園的專題介紹，海洋生物、植物、各種景觀的專題介紹，不僅有實物、圖片、模型、電視片、幻燈片，也有對環保等問題的探討、展覽。許多知識深入淺出，易學易記。

在高雄的至高點（也是台灣目前的最高層建築）——八五層觀光大樓上，遠處的海因颱風的來到顯得迷迷濛濛。而俯視近處的建築卻清晰可辨，在四面可以觀光的窗內，我們欣賞著遠遠近近的景致，真覺得許多風景是可以用照片、繪事描繪，而無法用文字、語言表達的。

站在遠離地面的高處，地面的建築忽然讓我想到了規劃，我覺得那里的規劃最讓人印象深刻，從樓上俯視高雄市的建築，似乎四周的建築是從這座大樓為中心，條條道路呈放射狀延伸，極有規律，美觀而整潔。

日月潭和阿里山被稱為台灣的兩大「地標」，也是「地球村」的朋友認識台灣的兩大窗口。由於去年台灣大地震的影響，這兩處風景區遭到不同程度的損壞，尤其是阿里山，聽說幾近毀滅，道路不通，不能前往。日月潭也損失慘重，但經台灣作家打聽，還能遊覽。于是，我們在台灣作家的一路介紹下，來到了從小就從歌聲中熟悉了的日月潭。

原定吃午飯的飯店因地震已不復存在，司機把我們帶到了另一家小飯店，就象那天下午我們乘坐的船是十幾天來第一次接待遊客一群，這家小飯店也只有我們兩桌人在此用餐，牆上的一幅字很有趣：「不會喝酒是俗人，喝酒鬧事是狂人。」在台灣，主人可以用很高檔的酒來招待客人，但絕不會像我們沿海一帶和北方那樣勸酒，似乎客人不醉就不盡興。他們每每舉酒乾杯，只是象徵性地呡，很隨意寬鬆。

吃完午飯我們來到日月潭邊，一道彩虹在遠山之間似有若無，動作快的幾位作家拍下了這美麗的一瞬，而轉眼彩虹就消失了。

日月潭，以其美麗聞名于世，如同一顆巨大的明珠鑲嵌在寶島的中央，雖然因地震使許多山一夜被剃了頭，但這些仍掩不住明山秀水的秀麗山容和湖光景致。

我們還來到了總人口不到三百人的少數民族邵族原住民世居——九族文化村，別具一格的各種民族手工藝品，傳統服飾一條街使我們留連忘返。日月潭，讓許多人了了一睹她的芳容的夙願。

在台灣，最精美的地方當屬故宮博物院了，故宮博物院是一座依山而築的仿古建築，規模宏大，設備齊全。據說那裡珍藏的歷代文物如果分批展出，八十年也展覽不完。我們看到的各展區正在展覽的陶瓷、玉器、書畫、雕刻、家俱、青銅製品等數以千件歷代珍寶，讓人大開眼界，驚嘆不已。歷代勞動人民豐富的想像和精湛的手藝讓人嘆為觀止。

在台灣的時間雖然短暫，我想，好客的寶島人把自己最好的東西都帶給客人看了。這一點，又與我們民族傳統那麼吻合。

多才多藝的台灣藝術家

在台灣期間，還有一點感受也非常深刻，那就是台灣作家的多才多藝。

就拿高雄市文藝協會理事長周嘯虹先生來說，一路上娓娓道來，不停地向我們介紹著各種知識，風土人情，自始至終不失長者風範，人卻非常謙虛，直到最後兩天在台北，我才知道他曾當過一家大報的總編輯。

詩人、散文學、攝影家李玉先生，跑前跑后為大家拍照片，開始以為他是攝影師，誰知他第一個寫出了吟誦此次活動的詩歌：〈風雨生信心〉——寫給浙江省作協訪台的文友們：錢江潮／飛濺一陣細雨／讓悶熱的港都一陣舒爽／十二萬份熱情飄海而來／使兩岸關係不致冰涼／／高雄市的文友們／張開雙臂／歡迎諸君蒞訪／且敞開胸懷／飽覽夢中湖色山光／請盡情暢飲／醉臥于長久渴望／／血濃于水／哪怕星移物換／你來我往／管它條條框框／／數天雖短暫／但未來一日將比過去一年還長／我們用行動／寫了一篇經天動地的文章／深信／在坎坷的民族大業上／是熱　是光／在澎湃的歷史長河中／是風更是浪（注：來訪期間適逢「啟德」颱風的過境）。在我們離開台灣轉道香港返回杭州前，李玉先生又賦詩一首：「桃園空港送諸君，九日歡聚濃離情，但願別後常相憶，浙江港都若比鄰！」回來后，我在李玉先生送給我的散文集〈旅痕〉中了解到，他曾出版過小說集〈走過的歲月〉、詩集〈心弦詩集〉等。

還有一位沒能經常跟代表團在一起，卻十分關注我們交流活動的〈台灣新聞報〉西子灣副刊主編王廷俊先生。他很少說話，卻捧出他的畫集、詩集，甚至以他的作品製作的明信片，而他的詩集不僅收集了他的詩作，也收入了他自己創作的插畫，從他的畫集中我們看到，他曾辦過水墨個展，油畫水彩個展，而他的「詩觀」就是「從美學的秩序裡獲致一項親和力來接近的的門徑。」

在高雄的兩岸作家文藝晚會上，看到歌詞作家沈立先生不僅創作了一些膾炙人口的流行歌曲，他自己就會唱許多種劇種。許多作家又是畫家、書法家。出版過〈星辰集〉等多本詩集的詩人岳宗是位教授，不但寫詩，還會寫書法、畫素描，在陪伴代表團的日子里，他為我們每個成員當場畫了一幅素描，留作紀念，而他有意識地把我們畫比本人年輕、好看，讓每個人都愉快地接受了他的禮物。

在台期間，有幾位女同胞自始至終都陪著我們跑，從高雄到台南再到台北，生活上關心備至，行程中「拾遺補缺」。李書錚女士、陳麗卿女士、王蜀桂女士等，她們怕我們背不動，大部分人沒送作品，只有王蜀桂女士把她寫的一本關于台灣檳榔業的書送給了我們幾個願意「背」的人，王女士平時專為報紙寫報導、接觸的行業、人比較多、知識也廣。一路上使我們增長了許多知識，了解了一些當地農業、種養殖業、工業基本情況和民眾的生存狀態、心理狀態，她鼓勵我們第一次嘗了檳榔的味道——盡管她自己雖寫了本書至今也沒敢嘗過。

廟。

英雄祠、平安廟

在台灣，還有一個現象與大陸令人驚奇地相似，那就是遍布于各地的祠、和鹿耳門。

七月九日，我們在時陰時雨中走訪了成功祠、赤嵌樓、五妃廟、安平古堡

鄭成功以一個書生投身兵馬倥偬的歲月，轉戰閩粵沿海、砥柱東南，使台灣從荷蘭人手中歸屬清朝版圖，並以文治教化來經營台灣，深為士民愛戴。在台灣，有多處紀念鄭成功的祠、堂，這讓我想起在我們大陸東南沿海一帶也有許多紀念抗倭英雄的祠堂，不過供奉的是英雄戚繼光。歷史再一次證明，順應歷史，完成統一祖國大業者，其英名，功業永存。

成功祠里綠樹成蔭，碑文處處。還有許多聯語、書法辭藻優美而意義深遠，讓人緬懷、摹賞。

赤嵌樓也是台灣人民抵抗外來侵略的見證。鄭成功曾居住在此，為台閩地區第一古跡。內有海神廟、文昌閣、蓬壺書院等，也有許多文物。

這里迴廊欄影，古意盎然。大家分別在幾座樓上互相致意，隔著陣陣細雨，院落里十分安靜，彼此的招呼顯得格外清晰。在同伴的召喚下，我們來到了文昌閣。文昌閣又稱狀元樓，據說這裡求學非常靈驗。供台上放了許多考生的准

考證複件，那是許多學子們真誠的夢，也是他們寒窗苦讀的祈願。兩岸的傳統文化、民族心理又一次在這裡交融、碰撞，我們那兒不也有許多人在家裡有重大事情時求助于上蒼嗎？沒人提倡，代代相傳，大家起哄著，叫他們把孩子的名字寫在紙上，也放上去，但願真能出狀元。

在台南，還有一個地方值得一提，那就是億載金城。億載金城是中國近代海防史上的重要史蹟，也是台灣第一座西式炮台，創建于清同治十三年（一八七四）年，當時是為了保障府城安全，曾在中日甲午戰爭中留下光榮的一頁，為抗擊外來侵略者立下戰功。

昔日的戰火早已泯滅，只有遠處的海風吹著各種樹木習習作響。護城河平靜地流淌，像是平靜地訴說著以往，也像是平靜地流向遠方。合歡樹下，綠草茵茵。光榮與夢想、失落與輝煌都會被時間的魔手翻過，但英雄的氣節不死，英雄的業績被千古傳唱。

風雨中，我們又去了安平古堡。

台灣的歷史自台南肇始，台南的歷史自安平發跡。

這裡有許多歷史遺跡，從各朝服裝到歷代起居用品。我們也有許多博物館，但這種常年開放的博物館卻使一批又一批遊人在遊玩中走進歷史，了解歷史。這裡也有一尊鄭成功的石像，由此可見鄭成功在台灣同胞心目中的位置。

斷壁殘跡，記載著歷史的滄桑；老樹古籐，交織著安平追想曲。遙想先人，早已成土沉寂，只有孩子們的笑聲，提醒時間的流逝。

回高雄的路上風雨交加，台南從我們身後漸漸遠去。

台灣還有一個奇特的現象，廟多。我們吃海鮮的那個小鎮，聽說一萬人口就有一百多個廟。大大小小的廟宇或精緻或簡陋，是台灣人世世代代留傳下來的寄託。出海了，要問問神，為了平安回來；做事了，問問神，為的是順當。而台灣人最信奉的神，當屬「媽祖」。

漢人自大陸沿海至台灣之初，乘船渡海時飽受風浪及惡劣氣候的考驗。為祈求能平安抵達台灣，他們都會恭請「媽祖」為航海的守護神，所以「媽祖」是東南沿海居民，最多人信仰的神祇，也是移居海外華人的信仰中心。

台灣朋友介紹說，「媽祖」俗名林默娘，世居福建省興化府莆田縣東南海的一個島嶼，傳說能夠解救海上漁民之危難，後自日升天。福建、台灣等地的船只都祭祀「媽祖」，以求航行平安。

台灣地區崇祀「媽祖」的廟宇眾多，各具特色，其中台南市的安平開台天后宮即以歷史悠久而聞名全省。

因為雨太大，我沒能用攝像機拍下被稱為台灣之門的鹿耳門天后宮的鏡頭，只用照相機拍下了那些雕樑畫棟。

「望盡滄桑三百年」，台南之行讓我們走入歷史的迴廊。

鹿耳門天后宮結合了明、清兩代中國南方寺廟建築的特色，精雕細琢，構造精巧，造型俊秀。難怪台灣人說這裡是一部活生生的歷史見證，是值得台灣人來此尋根的地方，漢文化從某種程度上在這裡淋漓盡致地體現。

「血濃于水」，兩岸的文化竟如此地一脈相承，如今，當我遙望台灣，更深地體會到這一點。

——原載浙江「九峰雜誌」

曉雪

本名楊文翰，一九三五年出生於雲南大理，白族，武漢大學中文系畢業，出版過詩集、散文集、論文集十七種，詩文論著多次在全國獲獎。二〇〇一年中國作協訪問團團長。

訪台日記

二〇〇一年五月十日　星期四　晴

應高雄市文藝協會的邀請，中國作家協會赴台訪問團一行十六人——我、金堅範〈中國作協書記處書記、《文藝報》總編輯〉、張平〈中國作協全委會委員、山西省文聯副主席〉、王家達〈中國作協全委會委員、甘肅省作協主席〉、京夫〈陝西省作協專業作家兼創作組負責人〉、陳慧瑛〈廈門市作協主席〉、葉梅〈湖北省文聯文藝理論研究室主任、土家族女作家〉、趙遐秋〈女，中國人民大學中文系教授〉、曾慶瑞〈北京廣播學院電視文學系教授〉、吳泰昌〈中國作協全委會委員、《文藝報》顧問〉、古繼堂〈中國社會科學院文學研究所研究員〉、樊洛平〈女、鄭州大學文化與傳播學院教授〉、劉紅林〈女，江蘇省社會科學學院文學所副研究員〉、常青〈女、珠海市文聯專業作家〉、向前〈女、中國作協編譯中心主任〉、陳賢迪〈上海市作協對外聯絡室主任〉、於八：三〇分從北京機場起飛，十二時抵達香港。在九龍尖沙咀潮州城酒樓用午餐。

下午六：五〇登上中華航空公司的波音七六七客機，飛過台灣海峽用了一小時零五分，晚八時到達高雄機場。高雄市文藝協會理事長周嘯虹偕十多位作家朋友來機場迎接，他們展開「歡迎中國作家協會訪問團」的紅布標同我們在候機大廳合影留念。

五月十一日　星期五　晴

上午遊覽了高雄市的旗津區、海岸公園、高雄港和建於一八八三年的高雄燈塔。台灣寺廟很多，求神拜佛之風很盛。光旗津區就有七〇多個廟宇，媽祖廟也有好幾個。這裡不但拜神、拜佛，有的奇石、古樹也被奉為神靈，燒香叩拜。有的神原來可能只是做過些好事或有英雄行為的普通人。日本人統治時期有個小偷叫廖添丁，專門偷日本人，神出鬼沒，飛簷走壁，搞得日本鬼子日夜不安。死後村裡人也給他塑了個像，把他奉為神靈。

下午舉行兩岸文學座談會，由高雄市文藝協會和高雄師範大學聯合主辦。我以中國作協訪問團團長身份參與主持，並就事先確定的題目——《關於校園詩歌》作了專題發言。吳泰昌、劉紅林、樊洛平、葉梅、曾慶瑞與高雄師大文學院國文系的幾位教授輪流發言，從不同的角度和方面，就兩岸校園文學的發展歷史、當前狀況及其走向進行了認真的研討。

晚飯後，高雄師大前校長熱情地開車載我和向前、葉梅、常青去看了一下流貫市區、燈火輝煌的愛河。我寫了另一首短詩《愛河》。

五月十二日　星期六　陰雨晴

每天都在下榻的飯店用早餐。這裡的早餐極為豐富：有十多種鹹、甜的小菜，十多種煎、炸、炒和涼拌的菜〈包括肉鬆、花生米、煎雞蛋等〉，還有稀飯、菜湯、牛奶、咖啡、橙汁等飲料和奶油麵包、烤餅等主食，隨你挑選。

早餐後，先驅車遊覽了市郊的「中國造船廠」它周圍有「中國鋼鐵」、「中國石油」、「中國電力」、「中國機械」等大型企業，是一大片工業區。我們只在它的廠區匆匆走了一趟。這個廠一九七八年即與基隆造船廠合併，成立了中國造船股份有限公司，總部仍在高雄，台北有個辦事處。它的設備和造船造艦的能力曾居世界第三、四位，現降至第六位。

隨後就直奔屏東縣境內台灣島最南端的墾丁國家公園和鵝鑾鼻活動中心。鵝鑾鼻三面臨海，東邊是太平洋，西邊是台灣海峽，南邊是巴士海峽，據說天晴時可以隱隱地看到遠處的菲律賓，可惜今天我們進入屏縣就遭遇風雨，昨晚在菲律賓海面的颱風已派它的”先遣部隊“來到台南沿海，我們到達鵝鑾鼻活動中心時更是雨暴風狂，無法登高遠望和到海濱遊覽，只看了室內的展覽和影視介紹。室內展示中有許多墾丁國家公園生態保護區的奇花異草和奇木異樹的標本，有許多我還是第一次見到，如「猴歡喜」、「咬人狗」、「華八仙」、「鼠鞭草」、「象牙樹」、「風鈴蘭」等等。

在墾丁聯勤活動中心用午飯後，返回高雄，遊覽了市區風景名勝澄清湖。雨停了，空氣清新透明，湖水碧綠清澄，四周都是郁郁蔥蔥、茂密疊翠的樹林，有幾棵正在盛開的紅艷艷的鳳凰花倒映在水裡。遊人不多，是一個幽靜而美麗的地方。

五月十三日　星期日　多雲轉晴

民族英雄鄭成功〈一六二四——一六六二〉於一六六一年四月一日登陸台灣，四日後收復台南市赤崁樓，置承天府於此，他本人也暫時居住在這裡。一年多的時間裡，他驅逐侵略強盜，傳播華夏文化，開拓建設台灣，作出了影響深遠的巨大貢獻。台灣到處流傳著他的傳奇故事和英雄業績。死後人們建了延平郡王祠紀念地。他曾在三十歲時被封為延平郡王。

上午，我們先瞻仰了延平郡王祠和赤崁樓，在鄭成功塑像前留影，後又去遊覽台南孔子廟。這座台灣最大的孔廟，也是鄭成功的繼承人於康熙二三年（公元一六八三年）修建的，殿中懸掛著康熙御筆“萬世師表”的匾額，後來歷朝歷代又多次增修。因西大成坊常年不開，現在人們進入文廟都走東大成坊。東大成坊有“全台首學”的四字橫匾掛在坊楣上。每年九月二八日孔子聖誕那一天，這裡還按古老的傳統舉行盛大的祭典。大成殿中間是至聖先師孔子神位，兩旁分別為十二哲神位，東西兩側是歷代先賢大儒。後殿為崇聖祠，祀孔子五代祖先神位。大成門東為名宦祠、鄉賢祠、西為孝子祠、節孝祠。再進去就是明倫堂，堂上書寫著《大學》全章，教人立身處世之道。

孔廟範圍很大，除掩映在蒼天古樹萬綠叢中這些莊嚴雄偉、紅光耀眼的重重殿堂之外，還有綠草如茵的運動場和文化園。我們在東大成坊進去不遠的一塊草坪上，看見垂直懸掛著兩塊紅布標，上面“四書五經讀誦班”幾個大字特別醒目。布標下一張簡易的課桌前坐著幾排從四歲到十二歲的小學生，一位老師正在教學生讀四書五經。今天誦讀的是「五經」中的《詩》。我們過去問了一下，才知老師是義務教，不收學費，學生是自願來，有的由家長陪著。一個四歲的小女孩，用國語背誦了《詩經》中的《黍離》：「彼黍離離，彼稷之苗。行邁靡靡，中心搖搖。知我者，謂我心憂。不知我者，謂我何求。悠悠蒼天，此何人哉？」之後又回答老師的提問，當眾流利地講述了李白「鐵杵磨成針」的童年故事。我們注意到紅布標下的落款式：台南市文廟管理委員會。四歲的小孩未必能理解她背誦的詩篇，但這種從小讓孩子接受中華傳統文化的薰陶、教他們誦讀四書五經的做法是值得提倡的。

下午遊覽了安平港、安平古砲台、億載金城砲台、海山館。看了一會在台南街頭戲台上著裝演唱的歌仔劇，據說是為了慶祝某個菩薩的生日。返回高雄途中，汽車沿著海濱公路向南飛馳，見台南的黃金海岸，碧藍的波浪輕扶著雪白的沙灘，一群群的青年男女在游泳、嘻鬧，幾只風箏在藍天白雲間飛翔。

五月十四　星期一　晴

一早起來，寫了兩首短詩：《相思樹》和《山的走向》。

早餐後奔赴高雄縣風景優美、人傑地靈的美濃鎮。這個小鎮過去出過三個進士、二十多個舉人，當代的博士碩士多達三00多人。有山明水秀的美濃湖，有作為小鎮醒目標誌的巍峨雄峻的東門樓，有被稱為”莊頭柏公“、頗有靈氣、香火很旺的百年古榕，有建於清乾隆三十四年〈公元一七六九年〉、專供人們焚燒字紙〈即不得亂扔踐踏書寫過或印有詩文的字紙〉的敬字亭，有集中展示當地少數民族服飾文化風俗民情的美濃民俗村。一到美濃，使人感到這裡確實有濃濃的綠蔭、濃濃的春色、濃濃的古風、濃濃的儒家文化和濃濃的詩情畫意，真是美得好濃啊！

上述景點，我們只匆匆而過，重點去參觀了小鎮郊外在綠綠笠山下、清清雙溪前的鍾理和紀念館。鍾理和〈一九一五——一九六〇〉是台灣籍〈生於屏東縣高樹鄉廣興村〉著名作家，生前有《夾竹桃》、《雨》、《原鄉人》、《笠山農場》等許多著作問世，死後有《鍾理和全集》八卷出版。他被視為美濃人、高雄人、台灣人的驕傲。紀念館在鍾理和傳記電影《原鄉人》在美濃首映那一天〈一九八〇年八月四日〉破土動工，由民間集資興建的。這是一座綠樹叢中的兩層樓白色建築，一條鄉間的林蔭道通相它門前的小院。一樓陳列著鍾理和生前使用過的書桌、書架、眼鏡、印章、他在木瓜樹下寫作用過的木板，他的手稿、日記、照片、書信、藏書、剪報以及有關研究他的著作、資料。二樓陳列著台灣地區一部份作家的著作、手稿、照片和數十幅台灣著名畫家的作品。

我們最感興趣的是紀念館院子周邊和通向紀念館的「文學步道」：即在路的兩邊，每隔幾公尺立一塊自然形狀雕成的不規則的石碑，每一塊石碑刻上一位台灣作家的名字、簡歷和一句最有代表性的詩句或名言，如王詩琅的石碑上刻著他文章中的一句話：「沒有藝術的國家和民族是要滅亡的。」龍瑛宗的名字邊刻著：「小鳥的世界，一定不會有煩惱吧！他們就那樣唱著美麗的歌，結束一生。」

我數了一下，像這樣被選擇進入「文學步道」的已有三十五位詩人作家。這就使鍾理和紀念館在一定程度上變成台灣文學展覽館了。

下午參觀高雄市長青〈老人〉綜合服務中心和長青日間照顧中心，這是一座有十一層高的現代化建築，裡邊有三個演藝廳、有圖書館、體能室、按摩站、電腦視聽室、電影放映室、會議廳、展覽廳、健身室、韻律室、棋藝室、餐廳等等，有舞台很大、安放了一千多個舒適座位的現代化劇場。設備齊全，環境優美，窗明几淨，服務周到，是一個很大的養老院。

最後我們參觀了台灣最高建築——有八十五層高的晶華大酒店，乘星光電梯僅以四十三秒時間便登上七十五層的觀景樓，高雄市全景包括高雄港、高雄燈塔盡收眼底。這種星光電梯，速度極快，不論白天、夜晚，一開啟頂部即顯示出滿天星斗，晶瑩璀璨，據說這是全世界第二部。

五月十五日　星期二　晴

早上告別高雄，在周嘯虹、陳春華夫婦及陳麗卿、李玉、王蜀桂等幾位文友陪同下，全團乘大巴北上。車過台南、嘉義、雲林等縣、市，到達彰化縣的鹿港古鎮。在台灣三百年的歷史裡，鹿港曾經千帆競渡、萬商雲集、人文薈萃，現雖已無昔日的繁華，但還是留下了許多名勝古蹟和人文景觀，如文開書院、地藏王廟、文祠、武廟、金門館、十宜樓、九曲巷、鳳山寺、奉天宮、民俗文物館等等。因時間安排太緊，我們未能去一一參觀瀏覽，只在它古老的街道上匆匆一瞥，便吃午飯。午飯後即直奔南投縣的日月潭。

著名的日月潭是台灣最大的淡水湖泊，全潭水域約七九三公頃，湖面周圍長約三十三公里，全潭以拉魯島為界，北半部形如日輪，南半部狀似月鉤，因而得名。我們乘遊艇在潭中游了一圈，只見四面都是郁郁蔥蔥、莽莽蒼蒼的山嶺，層巒疊翠，爽氣襲人。碧綠碧綠的潭水是那樣的清澈明淨、晶瑩閃亮，真想捧一捧水一飲而盡。可惜船沿高了，伸手夠不著！我們在受到地震破壞的光華島〈即拉魯島〉邊停了一會，感受日、月兩半的風光，又登上玄光寺，領略日月潭如詩如畫的迷人景緻。我感到整個台灣的清氣、瑞氣和靈氣彷佛都集中在這裡了。

晚上住在日月潭的「富豪群渡假別墅」，這是一個環境清幽、建築別致、佈置高雅、掛滿字畫、擺放了許多木雕藝術品和熱帶植物盆景的家庭式小賓館，只有十間標準套房，我們全包了。

五月十六　星期三　晴

這裡天亮的早，晨五時許即起床，到日月潭邊那臨水的五星級別墅哲園一帶散步，看遠處朦朧山嵐如畫，湖面氤氳水氣如紗。回到房間，在面向日月潭的涼台上寫了三首短詩：《夢幻珊瑚》、《握手》和《日月潭》。

早餐後快九時才告別日月潭，到南投縣埔里酒廠參觀。廠門口立著"紹興酒故鄉"的大牌子，一九一七年建廠。它出產的紹興黃酒、愛蘭白酒、愛蘭喜酒均馥郁香醇，聞名遐邇。它釀製的紹興酒曾獲希臘世界食品評鑑會金牌獎。我們還參觀了它的酒文化室，這個展室的規模，比起貴州茅臺酒場和湖南湘泉酒廠的「酒文化城」來就小得多了。

午飯後到南投縣草屯鎮參觀國立台灣工藝研究所的手工業陳列館和原住民工藝展。原住民，即世居的台灣的少數民族，包括賽夏、泰雅、布農、排灣、鄒、魯凱、雅美、阿美、卑南等民族。他們的手工藝品，包括竹器、木雕、陶器、服飾、藤編等等，均各有特點，異彩紛呈。

五月十七日　星期四　晴

早上離開台中市，一路先後參觀了苗栗縣三義木雕博物館、新竹市立玻璃工藝博物館、台北縣立鶯歌陶瓷藝術博物館。總的感覺，木雕、玻璃工藝品和陶瓷工藝品的水平都很高，許多作品體現了傳統技巧與現代風格的結合，想像豐富、構思獨特、製作精良、耐讀耐看，堪稱絕妙精品。看作者簡介才知：許多人都是既有古典傳統和民間藝術的修養，又到國外的名牌大學深造過的。

新竹市靠海，冬天風很大，我們來到時，陣陣海風拂面，雖在五月盛夏，卻也不算很熱，有清新涼快的感覺。台灣朋友說：新竹叫風城。這與我的故鄉——大里州府下關的稱號相同，使我感到好像又突然回到洱海邊那座清風入袖的城市。中午我們在新竹的城隍廟吃當地的風味小吃：米粉、蚵仔煎、肉丸子湯等等。

在苗栗縣，我們就便去參觀了台灣老作家吳濁流〈一九〇〇——一九七六〉的文學原鄉——西湖。吳濁流是新竹縣新埔鎮人，過去曾長期在西湖鄉教書和寫作，把西湖當作他的第二故鄉，寫過這樣的詩讚美西湖：「一入西湖感故鄉，似曾相識出迎忙；青山不改當年態，到處花開蝶影香。」當地擬在這裡建吳濁流紀念館，以形成南有美濃〈鍾理和〉、北有西湖〈吳濁流〉的格局。

五月十八日　星期五　多雲轉小雨

在台北我們住在南港中央研究院學術活動中心。中央研究院範圍很大，有寬敞的草坪、清亮的河流、安靜優美的園林和許多建築，民族學研究所、蔡元培紀念館、胡適紀念館都在裡面。出大門過馬路，就是舊莊胡適墓園。

上午我們先走進胡適墓園，在大理石的胡適墓碑前留影。墓園在蒼松翠柏覆蓋著的小山包上，兩邊有林蔭道，下面草坪上有幾道向上噴射的噴泉，環境優美，空氣清新，胡適先生安息在這裡是很理想的。

轉回來我們再參觀胡適紀念館和民族學研究所博物館。胡適紀念館即胡適生前的住所，是幾間很普通的平房。門口有中、英文刻寫的〝胡適紀念館〞兩塊牌子，標示胡適的生卒年（一八九一——一九六二）。進門左側牆上掛著他瀟灑俊逸的手書：〝大膽的假設，小心的求證〞。他的臥室、書房、餐廳都很簡樸，一些舊式的桌椅和古樸的書架，書架上全是成套的精裝和線裝的書籍，有《紅樓夢》、《資治通鑑》、《史記》、《二十四史》、《二十五史續補》、《大藏經》等等。餐桌上寫著他每天的早點是：一碗粥、一片麵包、一杯咖啡。

民族研究所博物館中，不僅展出了台灣九個少數民族的各種竹藤編器、紡織刺繡、陶罐陶壺、煙斗酒杯、配刀弓努、占卜箱、服裝以及頭飾、頸飾、耳飾、腕飾、踝飾等等，而且還介紹和展覽著大陸各少數民族的部分服飾和用具。

作為武漢大學的校友，我和古繼堂、向前下午去拜訪了台北市國立武漢大學校友會，校友會張立漢幹事長和副幹事長兼《珞珈》主編蔡名相學長，在重慶南路一段一二一號校友會的會議室裡熱情地接待了我們。古繼堂、向前是一九六四年畢業於武漢大學中文系的，我畢業於一九五六年。

五月十九日　星期六　多雲有雨

上午去羅斯福路參加「兩岸文藝交流研討會」由台灣中國文藝協會理事長綠蒂、我和金堅範共同主持。研討會在道藩廳舉行，台北市及外地許多著名作家、詩人都趕來參加。

中午到故宮博物院上林賦餐廳用餐。餐後從下午一點半至五點，就在故宮博物院參觀。

台北的「國立故宮博物院」有正館展覽大樓、圖書文獻大樓、行政大樓和至德園、至善園、後樂園等遊樂場所，藏有歷代珍貴器物包括銅器、瓷器、玉器、漆器、琺瑯器、文玩七萬件，書畫近一萬件，包括書法、繪畫、織繡等，圖書文獻包括四庫全書、善本圖書等近五十七萬件之多。短短三個多小時，我們只能在正館展覽大樓一至五層的二十幾個展覽大廳裡匆匆看一看。商周青銅禮器、漢至五代陶器、歷代佛像雕塑藝術、西周金文特展、明清雕刻等各個展廳中都有許多北京故宮所沒有的珍貴文物，中國歷代玉器和珍玩多寶格兩大展廳中琳瑯滿目、精美絕妙的無數藝術珍寶更使我驚嘆不已、流連忘返。一件玉石精雕的翠玉白菜遠看像真的一樣，那翠綠的菜葉子彷彿還帶著剛剛摘下時的水氣。我到書畫展廳去反覆看了幾遍，想看珍藏在這裡的《大理國張勝溫梵像畫卷》，這是我的故鄉公元一一八〇年前留下的繪有人物六三八個、被稱為佛教圖像之寶的一幅長卷繪畫傑作，可惜沒有找到。一問才知"書畫特展"每季輪換展出，有些稀世珍寶也不隨便拿出來，因此這次我看《梵像畫卷》的願望是無法實現了。

五月二十日　星期日　晴

作為新世紀中國作家協會應邀訪台的第一個訪問團，我們的活動全部圓滿結束。

吃過早點，便直奔桃園機場乘上午十一：三〇分起飛的華航C一六〇七班機離開台灣。高雄文藝協會的周嘯虹、陳春華、陳麗卿、王蜀桂、李玉把我們送到機場，一直等到辦完手續進入候機大廳，他們才依依不捨地離去，握手、擁抱和揮手告別時，李玉、陳春華、陳慧瑛、陳麗卿都忍不住哭了！

——原載「天涯屐痕」（節錄）

陸建華

一九四〇年冬生於江蘇高郵，畢業於揚州師範學院，中國作家協會會員，已出版散文集「不老的歌」、「家鄉雪」及傳記文學「汪曾祺傳」等。二〇〇一年江蘇作協訪問團副團長。

冬天裡的夏天

上午冒凜冽寒風穿兩件羊毛衫從南京出發，也不過兩個小時的空中航程，中午到達香港時便不得不脫下一件羊毛衫。以為南京與港、台氣溫之差別就是如此了。誰知當晚十時從香港飛高雄，當地氣溫為攝氏二八度，不得不又脫下一件羊毛衫，僅穿西裝、襯衫，但仍是汗流滿面。與家中通電話報平安，得知南京此時氣溫為攝氏零度，且氣象預報次日有雪。

我們就這樣遭遇冬天裡的夏天。

這是二〇〇一年十二月五日的事。應台灣高雄市文藝協會之邀，我們江蘇作家代表團一行九人赴台灣觀光訪問。氣溫高，這是抵達高雄後的第一個印象，更深的印象是，高雄文藝界朋友們的熱情高。我們到高雄時，已是夜裡十點多鐘，也想到文藝協會朋友們會來迎接，但想不到竟有十多人在機場等候。其中除二、三位女士年紀較輕外，大多數為兩鬢蒼蒼的六七十歲的老先生、老太太。一見他們高擎著「歡迎江蘇作家協會訪問團」的紅色橫幅，在機場出口處等候我們，那麼真誠，那麼熱情，我們全都由衷地感動了。

事後理事長周嘯虹先生告訴我，高雄市文藝界朋友們不僅把我們視為同行、朋友，更因我們是大陸來的親人。這些老先生、老太太一別大陸四五十年，五十年，半個世紀的漫長歲月啊！家鄉常在夢中，而今終於有了相逢機會，能不珍惜？能不動情！難怪幾天後在日月潭聚會時，歡笑聲語不斷，夜深無人入睡，周先生即席賦詩一首：

明潭夜訪話鄉情，
酒濃茶香笑語盈。
五十年來如一夢，
天涯萬里喜同心。

細究起來，我們這次台灣之行，源於兩岸文學工作者的一次聯合徵文活動。去年上半年，高雄市的江蘇同鄉會委託高雄文藝協會與江蘇省作家協會聯繫，希望江蘇作家能為台灣讀者寫一批介紹江蘇的散文作品。他們說：我們離開家鄉長達半個世紀，但家鄉無時不在我們的思念中。我們懷鄉、念鄉的癡情不改，可我們的在台灣出生的後代對家鄉的了解就不是那麼真切、深情了。江蘇是我們的根，家鄉是我們共同的母親。我們要教育子女世世代代永遠熱愛家鄉。這個倡議得到江蘇廣大作家和文藝工作者的熱烈響應，一個名為《錦繡江蘇》的徵文活動迅速在全省展開，歷時半年，取得圓滿成功。兩岸作家因此結下了深厚友誼，由聯合徵文到相互訪問就成了順理成章、水到渠成的友誼之舉。

不到台灣，不是當場耳聞目睹，就很難體會去台同胞那種對家鄉魂牽夢縈、刻骨銘心的桑梓之情。到高雄的第二天晚上，江蘇同鄉會會刊《蘇訊》雜誌負責人湯阿根先生宴請我們全體成員，許多江蘇籍同胞都趕來參加。祖籍江陰的湯先生是台灣有名的大律師，在當地民眾中享有很高聲望。他在致詞中首先談起江蘇同鄉會成立的緣由。他說，五十年前，剛到台灣，淒淒惶惶，人生地不熟的，難啊。大夥兒都想家，可是家在海峽那邊，回不去呀！於是，就成立江蘇同鄉會，為的是能經常在一起思鄉念鄉。就彷彿冬天裡一伙流落在異鄉的遊子，依偎在一起，相互以體溫取暖，藉以慰藉思鄉之情——湯先生的話，言語不多，卻分明讓人感到字字和著淚水，句句滲著痛楚，一時間，在場的人都黯然神傷，無語沉吟。那一晚，江蘇同鄉會名譽理事長金益輝先生偕夫人也來到宴會廳。那老夫人一頭銀絲，一身紅衣，面色紅潤，十分健談。她與我正敘談間，坐在鄰桌的我們代表團的張王飛跑過來敬酒。這位老夫人忽然停住話頭慈祥地笑望著張王飛說：家鄉的小伙子就是長得好看。說的張王飛不好意思，連連道謝。我很理解這似乎突兀的贊語，顯然，這表達了她此時見到故鄉人的喜悦之情。

在台灣，與同胞們談得最多的是兩岸「三通」和兩岸統一的話題。雖然現在長期封閉隔絕狀態有了改觀，但人們對台灣當局遲遲不肯完全徹底地實現「三通」感到失望。好在堅冰已經打破，我們都相信，不管還有多少艱難險阻，兩岸民心是隔不斷，擋不住的，誰也不能阻擋洶湧向前的歷史潮流。在台北，我們遇到一位東台籍的徐先生，他原是醫生，已退休，今年七十多歲，愛寫古體詩。座談會上，他把自己的詩集贈給我們。分手時，他充滿信心地說：「我們還會見面的。」怕我們不理解，他又用手拍拍自己的胸脯充滿激情地說：「你們看，我這身體有多棒，還怕等不到兩岸統一那一天嗎？」

——原載「揚州日報」

國家圖書館出版品預行編目資料

南方的和絃 / 高雄市文藝協會編. -- 初版. -- 臺北市：文史哲，民 91
面： 公分.--(文學叢刊;139)
ISBN 957-549-445-8 (平裝)

1.

830.86 91009718

文學叢刊 ⑬⑨

南方的和絃

編　者：高雄市文藝協會
出版者：文史哲出版社
http://www.lapen.com.tw
登記證字號：行政院新聞局版臺業字五三三七號
發行人：彭正雄
發行所：文史哲出版社
印刷者：文史哲出版社
臺北市羅斯福路一段七十二巷四號
郵政劃撥帳號：一六一八〇一七五
電話 886-2-23511028・傳真 886-2-23965656

實價新臺幣三四〇元

中華民國九十一年(2002)六月初版

ISBN 957-549-445-8